# 新时期高职院校质量保障体系理论分析与实践探索

金萍女 著

中国商务出版社
CHINA COMMERCE AND TRADE PRESS

## 图书在版编目（CIP）数据

新时期高职院校质量保障体系理论分析与实践探索 / 金萍女著 . — 北京：中国商务出版社，2022.6
ISBN 978-7-5103-4320-9

Ⅰ.①新… Ⅱ.①金… Ⅲ.①高等职业教育—教育质量—质量管理体系—研究—中国 Ⅳ.① G718.5

中国版本图书馆 CIP 数据核字 (2022) 第 102984 号

## 新时期高职院校质量保障体系理论分析与实践探索
XINSHIQI GAOZHI YUANXIAO ZHILIANG BAOZHANG TIXI LILUN FENXI YU SHIJIAN TANSUO
金萍女　著

| | |
|---|---|
| 出版发行： | 中国商务出版社 |
| 地　　址： | 北京市东城区安定门外大街东后巷 28 号　　邮　编：100710 |
| 网　　址： | http://www.cctpress.com |
| 责任编辑： | 云天 |
| 电　　话： | 010-64212247（总编室）　010-64515163（事业部） |
| | 010-64208388（发行部）　010-64515150（直　销） |
| 印　　刷： | 宝蕾元仁浩（天津）印刷有限公司 |
| 开　　本： | 710 毫米 × 1000 毫米　1/16 |
| 印　　张： | 13.25 |
| 版　　次： | 2022 年 9 月第 1 版　　印　次：2022 年 9 月第 1 次印刷 |
| 字　　数： | 198 千字　　定　价：86.00 元 |

版权所有　侵权必究　盗版侵权举报可发邮件至 cctp@cctpress.com
购买本社图书如有印装质量问题，请与本社印制部（电话：010-64248236）联系

# 前 言

2017年9月,国家教育部、财政部、国家发展改革委印发《关于公布世界一流大学和一流学科建设高校及建设学科名单的通知》,公布世界一流大学和一流学科(简称"双一流")建设高校及建设学科名单。"双一流"作为中国高等教育领域继211工程、985工程之后的又一国家战略,将对我国高等教育产生重大影响。"双一流"的公布,将迫使高校在小而精与大而全之间做抉择,避免中国高校的趋同化,促进高等教育质量的提高。

作为我国高等教育事业的重要组成部分,高等职业教育在改革开放以后飞速发展。与德国、美国等高等职业教育发展水平较高的发达国家相比,我国高职教育起步较晚,水平也相对落后。我国高职教育的兴起始于1978年邓小平在全国教育工作会议上的讲话,在这次会议上提出为了适应"经济中心"的需要,在天津、无锡等中心城市开始试办"坚持为地方服务"的高等职业技术学校。1980年,原国家教委批准设立首批13所职业大学,从而掀起了我国高职教育发展的热潮。1985年颁发的《中共中央关于教育体制改革的决定》指出:"要积极发展高等职业技术院校,逐步建立起一个从初级到高级、行政配套、结构合理,又能与普通教育相互沟通的职业技术教育体系。"1991年国务院出台了《关于大学大力发展职业技术教育的决定》。1993年的《关于〈中国教育改革和发展纲要〉的实施意见》明确提出:"积极发展多样化的高中后职业教育和培训,通过改革现有高等专科学校，职业大学和成人高校以及灵活多样的高等职业班等途径，积极发展高等职业教育。"1996年9月《中华人民共和国职业教育法》正式实施，进一步从法律上确立了高等职业教育的地位。2002年第三次全国职业教育工作会议通过了《关于大力推进职业教育改革与发展的决定》，计划在"十五"期间，继续扩大职业教育办学培训规模，争取为社会输送800万高等职业教育（含高专、成人高校）毕业生。由此，我国高职教育的重要性得到进一步明确，高职教育发展也进入了快速发展的时期，大批高职学院被批准成立，招生人数也迅速扩充。至2021年，根据教育部公布的相关数据，我国有高职（专科）院校1468所，占据了我国高等教育的半壁江山。[①]

虽然我国高等职业教育取得了有目共睹的成绩，但其与高职教育的数量发展并不匹配：我国高职教育的质量，尤其高职课程的质量并未能达其应有的水平，类似高职课程是大学课程的压缩与简化、高职课程未能符合社会对新时期职业人才培养要求的批评声音也不绝于耳。高职教育的质量一直是教育管理部门以及学界关注的重点。如2010年公布的《教育部财政部关于进一步推进"国家示范性高等职业院校建设计划"实施工作的通知》（教高[2010]8号）要求，继100所示范院校之后，新增建设100所左右骨干高职院校，于2010—2015年分批完成。2015年12月，教育部又出台了《高等职业院校内部质量保障体系诊断与改进指导方案（试行）》（教职成司函[2015]168号），将高职院

---

① 根据教育部公布的数据，至2021年，我国有普通高校2738所，其中直属于中央部门的有119所，本科院校1279所（其中独立院校241所），高职（专科）院校1468所，高职（专科）院校数量占全部普通高校的比例为54.4%，超过了半数。参见教育部网站 http://www.moe.gov.cn/jyb_sjzl/moe_560/2020/quanguo/202108/t20210831_556365.html。

校内部质量保障体系建设纳入法制化建设进程。2019年,《中国教育现代化2035》更是明确提出"健全职业教育人才培养质量标准,制定紧跟时代发展的多样化高等教育人才培养质量标准"。[①]

国家对发展高等职业教育的重视达到了前所未有的高度,这为推动高等职业教育发展,促进高等职业院校建立常态化自主保证人才培养质量的机制,引导和促进高职院校完善内部人才培养质量保障体系建设,提升内部质量保障工作成效,持续提高人才质量奠定了坚实的基础。

本书基于多元的理论基础和较为全面、深入的调研分析,结合我国高等职业教育质量保障的现状与发展趋势,力图对高等职业院校质量保障体系作一个较为系统的梳理与探讨。希望此书的出版能给从事高等教育的相关研究人员和实际工作者以思想上的启迪、理论上的参考和实践上的指导。

囿于作者的水平,本书难免有不足甚至不妥之处,希望广大读者不吝赐教。

作者

2022.2

---

[①] 尚春美,张胤.高校内部治理结构研究——基于在宁8所高校大学章程的分析[J].东南大学学报(哲学社会科学版),2021(23):163-166.

# 目 录

## 第一章　高职院校质量保障体系概述 … 1
 第一节　改革开放以来我国高等职业教育发展历程 … 3
 第二节　相关概念的界定 … 7
 第三节　相关文献综述 … 10

## 第二章　高职院校内部教学质量保障体系概述 … 29
 第一节　高职院校内部教学质量保障体系的理论基础 … 30
 第二节　高职院校内部教学质量保障体系的特征与功能 … 43

## 第三章　高职院校教学质量的影响因素 … 47
 第一节　高职院校教学质量影响因素的文献分析 … 48
 第二节　高职院校教学质量影响因素的实证调研 … 59
 第三节　调研结论与建议 … 78

## 第四章　高职院校教学质量监控体系的研究 … 93
 第一节　高职院校教学评估概述 … 95
 第二节　高职院校内部教学质量监控体系的现状分析 … 101
 第三节　高职院校内部教学质量监控体系存在的主要问题 … 104

## 第五章　高职院校内部教学质量保障体系一般模式的构建 … 111
 第一节　高职院校内部教学质量保障体系一般模式构建的
    基本原则 … 112
 第二节　高职院校内部教学质量保障体系一般模式的基本要素 … 115

第三节　高职院校内部教学质量保障体系一般模式的组织设计 …128

# 第六章　高职院校质量保障体系的比较研究 137
　第一节　高职教育质量保障主体比较 138
　第二节　高职教育质量保障内容比较 157
　第三节　高职教育质量保障方法比较 172
　第四节　高职教育内部质量保障体系比较 179
　第五节　国外高职教育质量保障体系对我国的启示 183
　第六节　高职院校内部教学质量保障体系一般模式的运行机制 …187

# 参考文献 196

# 第一章
高职院校质量保障体系概述

改革开放40余年来,中国已经成为世界上最大的制造业中心,而人才紧缺是不争的事实,培养制造业应用型人才主要依靠高职教育。毋庸置疑,近几年我国高职教育发展迅猛,形势喜人,但繁荣表象的背后,当前高职教育实则面临诸多困难,不少问题与矛盾有愈演愈烈之势,不仅已直接困扰到高职教育的健康发展,而且对国民经济发展也将产生不利的影响,所以必须引起各方高度的关注。在我国高等教育内外部环境的动态发展中,高职院校如何加强自身建设并主动迎接新的挑战?我国已明确提出建设人力资源强国和创新型国家的发展战略,教育优先发展成为国家发展的重大方针,促进教育公平成为社会发展的基本政策,办人民满意的教育成为教育发展的根本要求,提高教育质量成为教育发展的中心任务。就高等职业教育而言,教学质量是生命线,高职院校是这一生命线的首要责任主体,建设有效的内部教学质量保障体系是维护、巩固和发展这一生命线的关键举措。

高等职业教育质量保障体系的历史演进,从宏观层面看,是伴随着政治、经济、文化、科技的发展而发展的;从微观层面看则是伴随着高校本身、受教育者的个体适性需求的发展而发展的。怎样根据本国的国情和高校的现状建立高等教育质量保障体系,怎样根据教育的发展规律来建立适合高等职业学校的教学质量保障体系并使之有效运行,这是我国高等教育在今后发展中的重中之重,是需要长期关注并根据环境的变化不断探研和完善的核心问题。高等教育质量保障活动中,关键内容就是高校的自治、质量与有限的资源。高校需要更多的自主发展空间,其中有个重要的前提,就是首先要能够对自身的质量负起主要责任,并接受外部必要的问责。从我国高等教育发展的方针、政策看，转变政府职能、逐步拓展高校办学自主权已是大势所趋。在此进程中，作为高等教育重要组成部分的高职院校内部教学质量保障体系的建设与不断完善，应该是高等教育质量保障活动作用于高校的努力方向之一。

## 第一节　改革开放以来我国高等职业教育发展历程

高等职业教育是我国高等教育的重要组成部分，占据着高等教育的"半壁江山"，是推动我国产业转型升级的关键要素。回顾改革开放以来我国高等职业教育的发展历程，深入了解高等职业教育的发展规律，对推动新时期高等职业教育改革及发展有着积极作用。

### 一、全面恢复期：1977—1984年

1977年，我国开始恢复高考，高等专科教育全面恢复招生，很多地方开始兴办职业大学。十一届三中全会召开后，党和国家的工作重心转向以经济建设为中心。受政策红利刺激，国有经济与民营经济均得到快速发展。经济的飞速发展，迫切需要学校培养大量的高技能复合型人才，以适应改革开放、经济发展对技能型、应用型人才的需求，很多发达地区，如无锡、天津等，开始尝试举办职业大学。

这一时期，不仅恢复了原有专科教育，还兴建了新的职业大学，为更多学生提供受教育机会，同时解决了经济发展面临的人才不足问题，可以说高等职业教育是高等教育改革的先锋。

### 二、快速发展期：1985—1993年

1985年5月27日，中共中央颁布的《中共中央关于教育体制改革的决定》明确指出："积极发展高等职业技术院校，对口招收中等职业技术教育学校毕业生以及有本专业实践经验、成绩合格的在职人员入学，逐

步建立起一个从初级到高级、行业配套、结构合理又能与普通教育相互沟通的职业技术教育体系。"这标志着高职教育正式进入国民教育体系，为高等职业技术院校的发展提供了政策指引。从这一时期起，高职教育开始向多元化方向发展，积极试点初中后"五年一贯制"办学模式，大力发展成人高等教育，为经济社会发展培养了大批高技能复合型人才。

1990年11月，国家教委在广州召开全国普通高等专科教育座谈会，全面总结我国专科教育发展的经验教训。座谈会深入探讨了专科教育的地位、性质与作用，明确指明了专科教育的发展方向："专科教育是高中教育基础上的一种专业教育，主要是为基层部门、生产第一线岗位培养德智体全面发展的、有较强适应性的应用型专门人才。"

### 三、确立地位期：1994—1998年

1994年，第二次全国教育工作会议召开，将发展高等职业教育确定为高等教育发展的重点。会议明确提出："通过现有的职业大学、部分高等专科学校或独立设置的成人高校改革办学模式，调整培养目标来发展高等职业教育。仍不满足时，经批准利用少数具备条件的重点中等专业学校改制或举办高职班作为补充来发展高等职业教育。"这次会议正式确立了"三改一补"发展高职教育的方针。

1996年5月15日，全国人民代表大会通过了《中华人民共和国职业教育法》（以下简称《职业教育法》），《职业教育法》明确提出要"建立、健全职业学校教育与职业培训并举，并与其他教育相互沟通、协调发展职业教育体系"，其第十三条规定："职业学校教育分为初等、中等、高等职业学校教育……高等职业学校教育根据需要和条件由高等职业学校实施，或由普通高等学校实施。"至此，我国高等职业教育的法律地位得以确立。

### 四、规模壮大期：1999—2003年

1999年1月，教育部、国家计委关于印发的《试行按新的管理模式和运行机制举办高等职业技术教育的实施意见》更明确提出："高等职业教育可由以下高等教育机构承担：短期职业大学、职业技术学院、具有高等学历教育资格的民办高校，普通高等专科学校，本科院校内设置的高等职业教育机构（二级学院），经教育部批准的极少数国家级重点中等专业学校，办学条件达到国家规定合格标准的成人高校。"至此，职业大学、职业技术学院、高等专科学校、普通本科院校二级职业技术学院、部分重点中专、成人高等学校"六路大军办高职"的局面基本形成。

1999年1月，《国务院批转教育部面向21世纪教育振兴行动计划的通知》中指出："高等职业教育必须面向地区经济建设和社会发展，适应就业市场的实际需要，培养生产、服务、管理第一线需要的实用人才，真正办出特色。"1999年6月，《中共中央国务院关于深化教育改革全面推进素质教育的决定》进一步指出："高等职业教育是高等教育的重要组成部分，要大力发展高等职业教育，培养一大批具有必要理论知识和较强的实践能力，生产、建设、管理、服务第一线和农村急需的专门人才。"这些规定，明确了高等职业教育培养实用型人才的根本任务。为实现高等职业教育培养生产、服务、管理一线实用性、技能型专门人才的办学目标，探索多途径发展高职教育可行模式，教育部、国家计委决定在1999年普通高等教育年度招生计划中，安排10万人专门用于部分省（市）试行与现行办法有所不同的管理模式和运行机制举办高等职业技术教育。规定按新的管理模式和运行机制举办的高等职业技术教育为专科层次学历教育，其招生计划为指导性计划，教育事业费以学生交费为主，政府补贴为辅。毕业生不包分配，不再适用《普通高等学校就业派遣报到证》，由举办学校颁发毕业证书，与其他普通高校毕业生一样实行学校推荐、自主择业。同时详细规定了管理职责、举办学校、招生对象及办法、教学管理、试办范围及招生规模、操作程序等。

### 五、内涵发展期：2004年至今

2004年4月2日，教育部颁发的《关于以就业为导向，深化高等职业教育改革的若干意见》强调："坚持科学定位，明确高等职业院校办学方向；紧密结合地方经济和社会发展需求，科学合理地调整和设置专业；以培养高技能人才为目标，加强教学建设和教学改革；积极开展订单式培养，建立产学研结合的长效机制；大力推行'双证书'制度，促进人才培养模式创新；大力推进灵活的教学管理制度，引导学生自主创业；积极进行高等职业教育两年制学制改革，加快高技能紧缺人才培养；以就业为导向，进一步完善高等职业教育人才培养工作水平评估制度，国家将建立五年一轮的评估制度；加大宣传力度，在全社会树立高等职业教育主动服务于社会经济发展的良好形象。"这标志着高等职业教育的发展逐渐从规模扩张转向注重质量提升、内涵发展。至此，国家教育部门确立了全面提升高等职业教育办学质量的发展方针，开始着手实施精品课程建设、示范性高等职业院校等质量提升工程，强化高等职业院校内涵发展，构建中高职协调发展的现代职业教育体系。

2022年4月20日，十三届全国人大常委会第三十四次会议表决通过新修订的职业教育法，2022年5月1日起施行。[①]这是职业教育法制定近26年来的首次修订。新职业教育法共八章六十九条，明确职业教育是与普通教育具有同等重要地位的教育类型，着力提升职业教育认可度，深化产教融合、校企合作，完善职业教育保障制度和措施，更好地推动职业教育高质量发展。毫无疑问，新职业教育法的实施将对新时期我国职业教育的发展产生巨大的推动作用。

---

① 26年来首次修订！新《中华人民共和国职业教育法》全文[EB/OL].山东教育新闻网．2022-04-22 https://baijiahao.baidu.com/s？id=1730737869343883843&wfr=spider&for=pc.

## 第二节 相关概念的界定

### 一、教育质量

何谓教育质量？虽然探讨教育质量问题的著作不断出现，然而对"教育质量"的界定仍难以取得一致的答案。

英国学者格林（Diana Green）将目前关于高等教育质量的定义划分为六种。其一，传统的质量观：强调产品或服务应与众不同、特色鲜明和高标准，往往成本昂贵或所用资源稀缺，一般人无缘消受。因此，传统的质量概念中隐含着"排他性"。其二，把质量与预定规格和标准的一致性作为依据，使不同类型的院校可能设定不同的质量标准。其三，高等教育的质量应与高等教育目的一致。质量是对产品（服务）达到目的或目标程度的裁定，按照这一观点，不同层次和类型高等学校的质量应当根据其办学目的或目标来评定。其四，把质量定义在实现高校办学目标的有效性上，一所高质量的院校应当能够清楚地阐明自己的使命或办学目标，并且能够在达到目标的过程中取得效率和效益。其五，把质量定义为高校能否满足雇主（即学生及其家长、社会和政府等）规定的和潜在的需要。其六，实用主义的定义，即高等教育质量是个相对的概念，不同的利益群体或利益关系人关注的重点不同。如教师和学生关注的是教育过程的质量，而雇主更关注高等教育的结果，因此，高等教育质量没有统一的界定，其应该是复数。

我国学者就教育质量问题进行了一定的探讨，尤其是在我国高等教育日益走向大众化的今天，学者们对质量问题呈现出了极大的关注和热情。例如，顾明远认为教育质量是"教育水平的高低和效果优劣的程度"，"最终体现在培养对象的质量上"；田恩舜同志则认为，高等教育质量是高等教育机构在遵循教育自身规律和科学发展逻辑的基础上，在既定的社会条件下培养的学生、创造的知识以及提供的服务符合学校教育目标、满足现在和未来的社会发展需要与学生个性发展需要的充分程度。①

从以上观点可以看出，从实施教育的主体来看，教育质量是教育机构的办学水平和教学水平符合教育目的或目标要求的程度；从教育结果来看，教育质量是指教育机构在满足个人全面发展的程度和所培养的人才满足现在和未来社会和经济发展需要的程度。那么，什么是高等职业教育质量呢？不同的学者也有不同的理解，最新的研究认为，高职教育的质量主要体现在以下两个层面：一是满足学生个人需求的程度，即高职高专院校的专业设置、师资水平等要满足受教育者的求学和就业需求以及可持续发展的需求；二是满足经济社会需求的程度，即高职高专教育的教学内容、教学大纲、课程安排、教学过程等要满足用人单位的需求以及高职高专院校自身可持续发展的需求。因此，满足了经济社会和学生个人的双重需求，即是体现了高职高专教育质量的内涵。②

## 二、教育质量保障

什么是教育质量保障？教育质量保障的概念源于质量管理学。与企业管理相比，高等教育管理具有其特殊性，并且学术界对高等教育质量保障问题的研究历史不长，目前关于高等教育质量保障的认识与理解未能达成统一。澳大利亚学者哈曼（Grant Harman）认为，高等教育质量保障主要是为高校以外的人提供担保和证据，使他们确信高等学校有严格的质量管理过程，而不必担心教学质量和毕业生质量。③英国学者格林（Diana Green）认为高等教育质量保障是指质量保障机构根据一定的质量标准体系，按照一定的程序，对高校的教育质量进行控制、审核和评估，并向学生和社会相关人士保证高等教育的质量，提供有关的高等教育质

---

① 顾明远.教育大辞典（增订合订本）[M].上海：上海教育出版社，1998：798.
② 郭扬.监控与评价——高职高专教育教学质量研究[M].北京：中国科学技术出版社，2004：45.
③ Grant Harman. Quality Assurance for Higher Education: Developing and Managing Quality Assurance in Higher Education Systems and Institutions in Asia and the Pacific[M]. NESCO, 1996: 181.

量信息，其基本理念是对学生和社会负责、保持和提高高等学校的教育质量水平、促进高等学校整体发展。其中，质量控制是指为高校教育活动创设必备的条件，包括对高等教育质量的认识、人才培养计划的制订、课程及专业的设置与规划、教育教学特质条件的准备等，以保证高等教育活动的顺利进行。质量审核是指对高等教育的教育教学活动过程的审查，以保证质量控制活动所创设的计划能够顺利实施。质量评估是指对高等教育活动质量结果的评定与估价。[①]澳大利亚学者大卫·李（David Lim）对高等教育质量保障的界定较为简洁，认为高等教育质量保障是指确保高等教育质量得到保持和提高的所有的政策和过程。美国高等教育认证委员会（CHEA）关于高等教育质量保障的定义是：为了确定公认的教育、学术和设施标准得到保持与提高而对高等院校或专业进行有计划的、系统的评审过程。[②]

从以上国外学者对高等教育质量保障的定义中，我们可以看出：（1）高等教育质量保障是为高等学校之外的人提供质量保障；（2）质量保障须由特定机构，按照一定的政策、标准、程序等实施的活动；（3）质量保障涉及教学过程、师资和实验设施、专业和课程等影响教育质量的各个方面；（4）质量保障的目的是保持和提高质量。

### 三、高等职业教育质量保障体系

《辞海》对体系的定义是："若干有关事物相互联系、相互制约而构成一个整体。"[③]高等教育质量保障体系是指与高等教育质量保障有关的基本要素相互联系、相互制约而构成的有机整体，其由外部质量保障体系

---

[①] Diana Green. What is Quality in Higher Education. The society for Research into Higher Education[M]. 1994：3-21.

[②] David Lim. Quality Assurance in Higher Education：A Study of developing countries[M]. Ashgate publishing Company，2001：13.

[③] 本书编委会. 辞海[M]. 上海：上海辞书出版社，2010：1856.

与内部质量保障体系组成。[①] 高等教育内部质量保障体系是指学校内部为了实施持续有效的质量控制和提高所建立的管理体系，主要负责高等学校内部的质量保障活动。高等教育外部质量保障体系是指学校外部为了对学校教育质量实施连续有效的质量监控所建立的监控体系，通常是由全国性或地区性的专门机构组成，其专家成员由政府或其领导部门进行任命，这些机构的主要任务是领导、组织、实施、协调高等教育质量鉴定活动与监督高等学校内部的质量保障活动。[②] 高等职业教育是高等教育的重要组成部分，故其质量保障体系也分为外部质量保障与内部质量保障两部分。其外部质量保障是指教育行政部门或中介机构对高职院校的教学资源设备、专业设置、师资队伍、教学活动等及其质量进行的评估与评价活动；内部质量保障是指高职院校为了确保教育目的实现以及所培养的人才达到目标要求和满足社会需求，通过建立相关制度或机构对教师教学质量和学生的学业成绩等进行专项评估活动。质量保障体系中与质量保障有关的基本要素可分为质量保障的主体、质量保障的过程（质量保障的措施和手段）和质量保障的内容三部分。

## 第三节　相关文献综述

### 一、国外文献综述

（一）国外高等教育质量保障体系研究的文献综述

20世纪80年代中期以来，在高等教育大众化、高等教育管理体制的改革、经济全球化与人才竞争的加剧以及全面质量管理思想等一系列因素的影响下，高等教育质量保障运动率先从西方高教发达国家掀起。在此背景下，学者们对包含高等职业院校教育质量在内的高等教育质量保

---

[①] 陈玉琨. 高等教育质量保障体系概论 [M]. 北京：北京师范大学出版社，2004：6-10.
[②] 田恩舜. 高等教育质量保障体系及其运行机制 [J]. 高教探索，2003（1）：14-17.

障问题的相关学术研讨和研究也不断丰富起来。从国外学者在此领域的研究情况看,研究主题主要包括:高等教育质量的内涵与标准;高等教育质量保障的内容或实施中涉及的组织、方法等要素;高等教育质量保障的模式以及国际比较等。相关研究主题的代表性成果综述如下。

### 1. 对高等教育质量内涵的研究

从国外关于高等教育质量保障的大量文献中可见,在研究初期,学者们普遍比较关注"质量"和"高等教育质量"的内涵及相关理论的研究。例如,关于质量的内涵,有学者认为,"质量像自由和正直一样模糊不清"[①],还有学者认为高等教育质量就是一种"卓越"或"独占性"[②]。至今,高等教育质量尚无明确统一的概念,人们一致认为高等教育质量是一个复杂的概念,不同的利益相关者常常会持有不同的高等教育质量观。英国学者戈林(Green)[③]在《什么是高等教育质量》一书中,对高等教育质量和质量保障的概念作了界定,并对英国高等教育质量保障分专题进行了研究。其认为高等教育质量是一个多维的、不断变化的概念,其通过一套多维的指标体系来衡量一所高校的表现,在其本质上是具有满足个人、群体和社会显性或潜在需求能力的特性总和,往往通过受教育者、教育者和社会发展所要求的目标、标准、成就和水平等一套绩效指标体系表现出来。

### 2. 对高等教育质量衡量标准的研究

关于高校教育质量的衡量标准,有学者认为学生的就业率和经济回报率是衡量高校教育质量的标准;有学者则认为高校的研究水平是衡量高校教育质量的标准;有学者认为高校的管理效率(指高校培养合格毕业生的数量)是衡量高等教育质量的标准;还有学者认为学生数量的增

---

① Diana Green (ed.) Whatis Quality in Higher Education？ [M].The Society for Reserch into Higher Education and Open University Press, 1994: 12.

② Diana Green (ed.)) What is Quality in Higher Education？ [M]. The Society for Reserch into Higher Education and Open University Press, 1994: 13.

③ Diana Green (ed.) What is Quality in Higher Education？ [M]. The Society for Reserch into Higher Education and Open University Press, 1994: 3.

长，尤其是弱势群体家庭的学生数量的增长以及学生的毕业率是衡量高等教育质量的标准。[①]英国学者布伦南（Brennan）[②]所著《高等教育质量和标准》一书中，主要对高等教育的质量和标准进行了研究，其中就包括1991年英国国家学位授予委员会（Council for National Academic Awards，CNAA）针对传统多科技术学院和继续教育机构制定的高等教育学习计划一般规定进行的研究。

### 3.对高等教育质量保障内容的研究

随着研究的深入，学者们将注意力从高等教育质量的内涵与理论研究转向了如何保证和提高教育质量的学术研讨与实践活动。例如，1991年美国召开了"高等教育质量鉴定国际学术研讨会"；1993年加拿大召开了"处于世界变革中的高等教育质量保障国际会议"；"高等教育质量保障机构国际网络"在1993年初就拥有了34个成员国等。在此发展形势下，联合国教科文组织于1993年5月举行了"质量保障政策与高等院校鉴定"高级专家咨询会议，研究和交流高等教育质量管理的有效方法与途径。

### 4.对高等教育质量保障体系的研究

20世纪90年代，经济合作与发展组织（Organization for Economic Cooperation and Development，OECD）发起了一项关于高等教育机构管理的研究项目。该研究项目以"质量管理、质量评估和决策过程"为主题，对包括英国在内的10余个国家的30多个实例进行了研究，阐述了相关国家高等教育质量评估的目的、方法和预期成果，并调查了质量评估对高等教育机构管理与决策的影响。英国学者科文（Cowen）[③]在《高等教育评估》一书中，着重描述了各国高等教育质量保障体系的发展历史，并进行了概要分析和评价，其中英国部分由罗纳德·巴奈特（Ronald Barnett）

---

[①] Ronald Barnett. Improving Higher Education: to talquality care[M]. The Society for Research into Higher Education and Open University Press, 1992: 18–19.

[②] John Brennan. Standards and Quality in Higher Education[M]. Jesscica Kingsley Publishers, 1997: 12.

[③] Robert Cowen. The Evaluation of Higher Education Systems[M]. London: Kogan Page, 1996: 45.

编写。

**5. 对高等教育质量保障机构与模式的研究**

英国学者西尔弗（Silver）[①]在《高等教育：1964—1989年英国高等教育和国家学位授予委员会》一书中，对英国第一个外部高等教育质量保障机构——国家学位授予委员会进行了全面研究。

20世纪90年代中后期，一些关于各国高等教育质量保障模式的研究的专著陆续出版，如英国教育学者克拉夫特（Craft）[②]的《高等教育质量保障》，该书汇总了1991年在香港召开的高等教育质量保障会议中与会各国对本国高等教育质量保障机制的介绍，以及对高等教育质量保障问题的认识。

**6. 对大学教师和行政管理者的调查研究**

英国学者莫利（Morley）[③]的《高等教育质量与权力》一书，探讨了质量和权力之间的关系，对高等教育中组织和促进质量保障的权力关系进行了调查。该书这样写道：质量保障就像一面棱镜，透过其能折射出现代大学生活的其他方面。质量程序将独特的理性和道德转换成管理与专业行为的新形式。同样，质量是一种政治技巧，作为一种权力机制发挥着作用，这种政治技巧掩盖了权力是怎样起作用的。同时，在高等院校中质量一词也包含着复兴劳动力的重要意义，但在高等教育质量保障上还缺少一些社会学上的思想。这项研究的一个主要目的在于揭示大学教师和管理者所经历的质量作为一种权力机制是如何运行的。此外，英国学者牛顿（Newton）和哈维（Harvey）等人通过院校的个案实地调研及调查问卷等形式，从微观层面就外部质量保障机制对高校内部学术人员态度和行为的影响等方面进行了研究。

---

[①] Harold Silver. A Higher Education: The Council for National Academic Awards and British Higher Education 1964—1989[M]. London: The Falmer Press, 1990: 26.

[②] AlmaCraft（1999）. Quality Assurancein Higher Education（Proceedings of an International Conference, Hongkong 1999）[M]. London: The Falmer Press, 1990: 27.

[③] Louise Morley. Quality and Powerin Higher Education[M]. The Society for Research into Higher Education & Open University Press, 2003: 45.

### 7. 国际视角下的高等教育质量保障研究

进入21世纪以来，国外学者开始探讨高等教育国际化和经济全球化背景下的高等教育质量监控与保障问题，并进行了一系列国际比较研究，成果颇丰。例如，《高等教育质量管理：从国际视角看院校评估与改革》（John Brennan等，2000）、《高等教育国际化背景下的教育质量问题》（Dirk Van Damme，2001）、《高等教育质量的全球视野》（David Dunkerley，2001）、《日本高等教育质量保障系统和市场推动》（Yonezawa Akiyoshi，2002）、《澳大利亚高等教育质量保障：全球化与长期规划》（Lesley Vidovich，2002）及《新世纪高等教育质量保障：积极应对还是简单适应》（Hodson Peter，Thomas Harold，2003）等著作相继面世。

到目前为止，国外学者对高等教育质量保障的相关研究大致可以概括为以下几个主要方面。

（1）对高等教育质量保障的概念、内涵进行界定，阐述此项活动的重要意义，并提出质量保障的功能、原则、理论基础和实践依据。

（2）对高等教育质量保障的内容和方法进行探讨，提出质量保障应该是输入保障、过程保障和输出保障等过程的集合体，并主张教学评价方法在质量保障活动中广泛应用。

（3）对各种高等教育质量保障模式的研究和探索，如TQM应用模式、ISO9000应用模式、教学专业发展模式、学生发展评估模式、计划评审模式和项目评价模式等。值得一提的是，这些内容在实践中也不断表现出各自的良好成效。

总之，国外学者对高校教学质量保障机制的研究开展相对较早，内容较为全面、深入，从高等教育的外部质量保障工作到高等学校内部质量保障体系，均作了较为系统的研究。与此相应，一些国家在实践上也已形成了相对成熟且各具特色的高等教育质量保障机制。

## （二）国外高等教育质量保障体系建设的共性特点及其发展趋势

来自国外学界、官方及实践领域的一些文献及政策文件显示，在政策法规建设、反映高教管理传统特色以及外部质量保障机构的性质界定等内容上，高等教育发达国家的质量保障体系建设，表现出某些具有共性的特点。

**1. 多数发达国家通过相关教育政策与法规的建设，为发展高等教育质量保障体系提供法律依据，使此项工作有法可依，有章可循**

在高等教育质量管理方面，这些国家大多设有专门的政策指导和法律规定，通过立法对高校教育质量采取间接的管理，使各类高校成为在国家法律框架下运行的自治体。例如，英国政府于1991年发布了高教白皮书《高等教育：一个新框架》，对质量控制、质量审核、质量评估等概念作了明确规定和划分；日本为引入大学外部第三方评价机制，国会专门对《国立学校设置法》相关部分作了修改，文部省也修订了《国立学校设置法施行规则》，使大学评价、学位授予机构在法律上有明确的界定；荷兰政府于1985年颁布了《高等教育：自治与质量》，该政策白皮书建议给予高校更大的自主权，认为质量和质量评价是高校自身的责任，并建议在高校的质量保障工作中引入第三部门的力量，政府只发挥间接的调控作用，等等。

**2. 高等教育质量保障体系建设成为完善高等教育管理工作中不可或缺的重要组成部分，并且此项建设还在很大程度上反映出各国高等教育宏观管理的传统特色**

纵观各国高等教育的发展历程，我们基本可以看到这样一种典型的发展轨迹，即高校扩招——教育资源不足——教育质量滑坡——政府和社会各界关注——高教管理体制改革——政府职能转变——扩大高校自主权或加强问责——建立高等教育质量保障体系（保证和提高教育质量的一揽子软硬件建设）。总的来看，一方面是为了使高等教育质量保障活动（如评估、认证、审计等）能够长期稳定地开展，这些国家的政府和院校建立了各种相关的机制。例如，英国、澳大利亚等国政府将评估结果与拨款相挂钩，又如很多国家把在评估、认证等活动中收集的信息及其分析结果向社会公布，学生、家长、用人单位和学者等都能利用这些信息进行各种研究和决策。另一方面是英国、法国、荷兰、瑞典、美国以及澳大利亚等国，高等教育质量保障模式的选择与构建总体上都反映了本国高等教育宏观管理的传统特色。例如，英国的高等教育质量保障模式典型地反映了"学术自治"的传统特色；欧洲大陆国家的高等教育质量保障模式则反映出"中央集权"的传统特点；美国的高等教育质量保障模式反映了"地方分权"的管理特色。

### 3. 相关的教育中介组织成为这些国家开展高等教育外部质量保障活动的主要力量，在政府、社会和高校间发挥着重要的缓冲器作用，较好地兼顾了公众问责权与办学自主权

在高等教育质量保障过程中，各国政府通过教育中介组织对高校进行间接"干预"。此举在实现必要问责的同时，也较好地保证了院校在教学质量管理等方面的自主空间。政府在诸如审计、评估等高等教育质量保障活动中的作用主要是通过法令、法规等手段，对教育质量保障中介机构的组成及评估活动的实施加以规定、监控和调节，从而保证该类机构的权威性、公正性以及质量保障总体目标的实现。高等教育质量保障中介机构作为联系政府、社会和高校三方的桥梁，发挥着缓冲器的重要作用。各国的教育质量保障中介机构，如美国的高等教育认证协会（Council for Higher Education Accreditation，CHEA）、英国的高等教育质量保障署（Quality Assurance Agency for Higher Education，QAA）、法国的国家评估委员会（Committeeof National Evaluation，CNE）、澳大利亚的高等教育质量保障署（Australian Universities Quality Agency，AUQA）等，其工作通常是基于政府委托，按照与国家高等教育政策相一致的评估标准和程序，组织各类质量保障活动，确保这些活动的规范性与专业性，保证相关评估结果的可信度。

## 4. 各国高等教育外部质量保障工作的主体、方法和标准趋于多元化，形成了多元的高等教育质量观

纵观各国，我们可以看到在一个比较完善的质量保障体系中，高等教育外部质量保障工作的主体、方法和标准均显示出多元化的特征。具体而言，一是评估主体的多元化。众所周知，高等教育是一个复杂的大系统，与高等教育相关的利益主体并非是单一的，而是多维的、多层次的。正如伯顿·R.克拉克在《高等教育系统——学术组织的跨国研究》一书中所提出的三角理论所述，有三种主要力量始终影响着高等教育系统，即学术界、政府力量与市场力量。[①]二是评估方法的多样性。通过诸如学校自评与外部评估相结合、院校评估与专业评估相结合、教学评估与科研评估相结合等方式，使评估工作更好地服务于高等教育。三是评价标准的多元化。早在1998年首届世界高等教育会议通过的《21世纪的高等教育：展望和行动世界宣言》中即指出了"高等教育质量是一个多层面的概念"，要"考虑多样化和避免用一个尺度来衡量高等教育质量"。而在实践中，高等教育的大众化使得高等教育机构、入学选择方式、学习方式等各方面均呈现出多样化的趋势。鉴于此，西方各国在关注高等教育质量保障基本框架建设的过程中，不断鼓励高校的特色发展，希望各类学校都能拥有自身的特色和优势，并尽力避免用单一的评价标准去衡量高校的教育质量。当然，这也与外部需求的变化有着一定的联系。因为随着社会的发展，学生和家长在选择大学时，不再只是关注其整体声望，也会更多地关注其专业排名，并考虑自身的经济承受能力。雇主录用员工时也不再仅仅看应聘者是否毕业于名牌院校，而是越来越多地关注他们的专业特长、知识结构和实践经历等。

---

① [美]伯顿·R.克拉克.高等教育系统——学术组织的跨国研究[M].王承绪，等译.杭州：杭州大学出版社，1994：12.

**5. 高等教育外部质量保障工作相关信息（如评估结果）的公开和透明性，并且评估结果或多或少与高等教育拨款相挂钩**

各国普遍的做法就是将评估报告和结果公之于众，虽然各国对评价报告的公布方式不同。有的国家完全公开报告全文，如英国高等教育质量保障署的审计报告就在其网站上公布，同时设有专门的教学质量信息发布网站，公众可以免费上网查询和下载。而在有些国家（如美国、德国、澳大利亚等）则采取选择性地发布一些质量信息的方式，如公布报告的摘要等。总之，通过公开相关信息，一方面可以为高等教育的利益相关者提供足够的参考信息，保证各方的知情权；另一方面可增加评价活动和结果的透明度，有利于社会各界的监督，即保证各方的监督权。

此外，在评估结果与高等教育拨款相挂钩方面，英国、美国、法国、德国、澳大利亚及日本等国均在一定程度上采用了评估结果与财政拨款相挂钩的方式。至于这一方式的利弊，在学界表述不一，有的学者认为将评估结果与财政拨款相结合，可以提高高校的办学效益。但也有学者认为评估结果与财政拨款挂钩会导致高校产生迎合行为，与保障和提高教学质量的初衷背道而驰。

## 二、国内文献综述

**（一）国内高等教育质量保障体系研究的文献综述**

20世纪90年代初，我国受高等教育规模扩大、高等教育体制改革、经济全球化与经济体制的转轨，以及国际高等教育质量保障运动的影响，开始关注高等教育质量问题。至20世纪90年代中期，获得了一些相关的研究成果，并在进入21世纪后有了较快的增长。高等教育的核心是人才培养质量，保证人才培养质量的众多因素中，建立起行之有效的教学质量监控与评估体系是关键。从宏观层面分析，作为政府监督的重要举措，国家教育部已启动了包括以信息技术为手段，深化教学和人才培养模式改革，建设精品课程，改革大学公共英语教学等12个方面的"质量工程",以及5年1次的本科教育质量评估和高职高专人才培养水平评估工作。从微观角度看,全国也纷纷建立了教学质量监控和评估体系。国内学者在这一领域作相关研究。

1995年,我国著名教育评价专家陈玉琨教授在长春会议上首次提出了"建立教育质量保障体系,加快教育改革步伐"的建议,引起了广大学者和高校代表的高度关注。同年9月,华东师范大学教育管理学院就开始组织力量对高等教育质量保障问题进行探索,并对国际高等教育质量保障运动的发展情况进行跟踪研究。1997年3月,以陈玉琨教授为组长申报的全国教育科学规划国家教委"九五"重点课题《高校教学质量保障体系的理论与实践研究》获准立项。此后,伴随1999年以来我国高等教育大众化进程的推进,对高等教育质量保障体系的研究迅速活跃起来。同时,一些高校也开始了实践探索,如原北京工业学院、清华大学、原上海海运学院等开始通过引入ISO9000质量体系来建立教学质量保障体系,这是质量保障体系实践的雏形。

**1. 高等教育质量保障体系的国际比较研究**

(1) 高等教育质量保障体系的国别研究。我国学者在对高等教育质量保障体系进行比较研究时,选择的国别以英国、美国和澳大利亚为主,研究内容则主要集中于各国高等教育质量保障的历史发展、现状、运作机制等情况的介绍。以对英国的相关研究为例,郑晓齐等人收集、整理、翻译全球具有代表性的若干国家高等教育质量保障体系的资料,分三册对国外高等教育评估认证的基本情况进行了介绍和分析[①];范文耀、马陆亭等人从高等教育评估与拨款的角度介绍了英国、美国等国家的评估情况,以及政府、评估机构和高校等主体在质量保障中的关系[②]。另外,侯

---

① 郑晓齐,赵婷婷.亚太地区、北美地区、欧洲地区高等教育质量保障体系研究[M].北京:北京航空航天大学出版社,2007:87.
② 范文耀,马陆亭.国际视角下的高等教育质量评估与财政拨款[M].北京:教育科学出版社,2004:41.

威对瑞典、新西兰和丹麦的高等教育质量保障机制作了概述[①]；李兵对澳大利亚的高等教育质量保障体制进行了介绍[②]；洪成文对北欧的高等教育质量评估制度作了比较研究，等等。[③]

（2）高等教育质量保障体系的模式研究。在研究中，我国学者常常将国外现有的质量保障体系分为几种模式。目前最常见的分类，如大陆模式、英国模式和美国模式[④]；政府主导型模式、民间主导型模式和官民结合型模式[⑤]；以美国为代表的质量认证模式、以英国为代表的院校审核模式和以法国为代表的政府评估模式。[⑥]也有学者对国外高校教学质量保障模式进行了系统的介绍和比较分析，如沈玉顺在《高校教学质量保障的思想与实践》一书中就收集了国外的八种模式（院校研究、专业发展、质量保障、全面质量管理、学生发展评估、项目评估、计划评审和计划规划），并对其起源、质量观、管理重点、主要管理任务、质量判断标准、主要方法和工具、技术特征、结构化程度、开放程度、体制地位等进行了分析[⑦]；缪园对美、英、日高等教育外部质量保障模式进行了探析[⑧]；张晓鹏对认证评估、分等评估和审核评估进行了比较分析，并对我国新一轮本科教学评估模式的选择提了建议。[⑨]

### 2. 我国高等教育质量保障体系的研究

通过中国国家图书馆等途径查阅搜索到较为系统的研究高等教育质

---

① 侯威. 瑞典高等教育质量的保证机制概述[J]. 外国教育研究，2003（4）：51-53.
② 李兵. 澳大利亚高等教育质量保障体制综述[J]. 高教探索，2003（4）：60-62，51.
③ 洪成文. 北欧高等教育质量评估制度比较研究——寻求高校内外部需求的平衡[J]. 外国教育研究，2002（6）：32-37.
④ 陈玉琨，代蕊华. 高等教育质量保障体系发展概论[M]. 北京：北京师范大学出版社，2004：20.
⑤ 郑晓齐，赵婷婷. 亚太地区高等教育质量保障体系研究[M]. 北京：北京航空航天大学出版社，2007：1.
⑥ 钟采林，周海涛，刘臻，魏红. 总结经验教训 研究背景趋势 创新评估思路——新一轮本科教学评估基本问题探析（一）[J]. 中国高等教育，2009（1）：31-34.
⑦ 沈玉顺. 高校教学质量保障的思想与实践[M]. 上海：文汇出版社，2003：27.
⑧ 缪园. 美、英、日高等教育外部质量保障模式探析[J]. 中国研究生，2004（6）：19-23.
⑨ 张晓鹏. 国际高等教育评估模式的演进及我们的选择[J]. 中国大学教学，2009（3）：90-93.

量保障体系的专著有9部。就总体的研究内容而言，我国的研究者从高等教育质量保障体系相关的概念内涵界定、背景及意义的分析、问题的揭示、局部建设的对策或建议、整体构建的原则和内容，以及保障体系的模式等各方面均作了较为广泛的探研。但对此特别需要指出的是，很多学者所述质量保障体系实质上常常还只是局限于外部的质量监控体系。

（1）对不同层次高等教育质量保障体系的研究。近年来，我国在高等教育质量保障领域已初步形成了针对不同类型和层次的研究，研究生教育、本科教育和高职高专教育等方面的质量保障研究均有涉及。例如，洪贞银在分析研究我国高等职业教育理论和实践的基础上，结合高职高专院校人才培养的特点，对高职院校教学质量保障体系进行了全面的探讨[1]；熊志翔对质量管理、质量监控和质量认证等作了相关的论述，并对本科院校的教学改革、学术发展和师资建设等内部保障重点作了专门的研究[2]；陈玉琨教授在充分吸收国外经验的基础上，开发了发展性教育质量保障体系（尽管主要是用于基础教育，但高等教育同样具有很高的借鉴意义）[3]；江彦桥、赵伟建等从对高等学校教学质量的认识入手，阐述了质量标准、质量保障体系的基本原理，按质量体系的确立、质量体系的文件编制、质量体系的实施运行和质量体系认证注册四个阶段阐述了质量体系的建立、运行与保持的主要步骤，并就ISO9000质量标准在高等教育质量保障领域的引入作了探讨[4]；安心从高等教育改革的现实需要出发，以多学科理论为研究基础，如系统论、信息论、控制论和高等教育评价、高等教育管理、全面质量管理等，借鉴我国在高校鉴定、水平评估、学生学业成绩测量与评估、教学质量管理等方面取得的许多成功经验，构建了我国高等教育质量保障体系的基本框架。[5]

---

[1] 洪贞银.高职院校教学质量保障与评估研究[M].北京：人民出版社，2009：125.
[2] 熊志翔.本科院校质量保障体系研究[M].广州：广东高等教育出版社，2008：93.
[3] 陈玉琨.发展性教育质量保障等理论与操作[M].北京：商务印书馆，2006：50.
[4] 江彦桥，赵伟建.高等学校教学质量保障体系的研究与实践[M].上海：上海外语教育出版社，2002：219.
[5] 安心.高等教育质量保障体系研究[M].兰州：甘肃教育出版社，1999：82.

（2）对高等教育质量保障体系构建策略的研究。关于我国高等教育（外部）质量保障体系的建设，具有代表性的论文所述观点主要包括：戚业国等人认为高等教育质量保障思想的形成有两个基本背景。一是在高等教育实现大众化后，欧洲各国政府和高等教育投资人开始关注高等教育质量和效率问题，政府和社会资助人要求高等教育对消耗了公共财政资源后的社会效益作出说明。二是随着高等教育规模的迅速扩大，其质量存在滑坡现象，招致社会各界的批评和指责，高等教育信誉开始出现危机，高等教育内部人士不仅担心高等教育质量下降导致的社会信任的危机，也担心高等教育质量下降会导致政府和社会利益群体的干预，影响学术自由。于是，到20世纪90年代，高等教育质量保障体系的建立成了世界各国高等教育质量管理的新范式[1]。谭志松提出建立中国特色高等教育质量保障体系的构建建议[2]；李亚东提出了我国高等教育质量保障体系的建构思路[3]；北京师范大学钟秉林教授在《面向新世纪的中国高等教育质量保障与评估》一文中论述了宏观的建设思路[4]；上海电子信息职业技术学院李兵认为高等教育质量保障体系的构建应该包括以下因素：市场取向、质量保障制度化、法律化和规范化、发展多元保障主体、建立高等教育质量监控与评估及信息网络质量管理机制、终身化、国际化和信息化等[5]；教育部原副部长吴启迪在《中国高等教育评估体系构建与完善》一文中，全面介绍了世界各国的评估模式和特征，总结了我国在高等教育评估方面的探索及取得的成效[6]；戴娟萍提出以全面质量管理的理念，将内、外质量保障相结合，从组织、资源、过程和程序等质量四要

---

[1] 戚业国，代蕊华.本科教学质量保障体系建设的思想与方法[J].教师教育研究，2007（2）：6-12.

[2] 谭志松.论中国特色高等教育质量保障体系的构建[J].中南民族大学学报（人文社会科学版），2003（4）：144-147.

[3] 李亚东.我国高等教育质量保障体系的建构[J].中国高等教育评估，2004（1）：71-75.

[4] 钟秉林.面向新世纪的中国高等教育质量保障与评估[J].世界教育信息，2001（7）：21-23.

[5] 李兵.我国高等教育质量保障体系构建综述[J].当代教育论坛，2005（7）：98-101.

[6] 吴启迪.中国高等教育评估体系的构建与完善[J].教育发展研究，2009（3）：38-41.

素来构筑高职院校的教育质量保障体系。①

在以鲍洁为带头人的课题《高等职业教育质量保障体系的研究》中，他们以专业为切入点，认为专业是学校开展教学工作的基本单元，也是学校与社会需求的结合点，专业水平在很大程度上反映了学校人才培养工作的水平，是学校办学水平、教学质量和办学效益的重要标志，提出构建以专业评估为核心的高等职业教育质量评价体系。杨冰根据职业教育的最典型特征，即对市场的适应性和对功利性目的追求，提出在职业教育系统中，适合引入ISO9000质量管理的思想，通过建立、运行、保持和持续改进质量管理体系，随时监控教育教学质量，来构建职教的内部教学质量保障体系。②

### 3.对高校内部教学质量保障体系的研究

（1）对高校内部教学质量保障体系必要性和重要性的研究。从2006年开始，我国学者逐渐将研究的目光从外部教学质量保障体系转向高校内部教学质量保障体系。学者们在研究初期主要是对高校内部教学质量保障体系的必要性和重要性进行探讨，如漳州师范学院李建辉等人对建立教学质量保障体系的必要性、建设质量保障体系的程序和运行机制进行了探讨。③刘晓欢则通过分析ISO9000标准框架，认为高职院校的质量管理体系是由高层管理过程、资源管理过程、教育服务提供过程和监视与测量过程组成。④还有的人则提出将ISO9000与全面质量管理理论、目标管理相结合，构建高职院校的内部教学质量保障体系。⑤随着信息技术，尤其是大数据技术的发展，有学者从大数据的角度对高职院校的质量监

---

① 戴娟萍.高等职业技术教育质量保障体系的建构[J].深圳职业技术学院学报，2003（2）：81-85.

② 杨冰.借鉴ISO9000质量管理，构建高等职业教育教学质量保障体系，新世纪高等技术与职业教育改革的探索与实践[M].北京：高等教育出版社，2004：6.

③ 李建辉，詹曙盟.论高等学校教学质量管理体系的构建与运作[J].大学（研究与评价），2007（6）：37-41.

④ 刘晓欢.ISO9000标准框架下的高职院校教学质量管理体系[J].职教论坛，2005（11）：13-16.

⑤ 黄斌.高等职业院校质量保障体系研究[D].天津：天津大学，2006：32.

控体系进行了分析。[①]另有学者从师资的角度对高职院校的质量提升进行了相关分析。[②]

（2）对高校内部教学质量保障体系建设的研究。目前这方面的研究主要涉及教学质量的目标定位与实现、组织体系及其功能、教学质量的诊断与评价、内部评估信息的利用及全面质量管理在高校质量保障体系中的运用等方面。多数学者的研究思路主要是通过引入控制论思想，借助闭环系统控制，加强质量监控。例如，有学者提出引入全面质量管理（TQM）和ISO9000质量标准族的理论与方法[③]；黑龙江佳木斯大学李勇、宋远航提出了高校教学质量保障内部体系的"四柱"模式：教学管理体系、教学评估督导体系、教学服务体系和教育科学研究体系[④]；北京航空航天大学李汉邦和清华大学宋烈侠认为，高校教学质量保障内部体系的构成可分为五个部分，即教学质量保障指挥系统、教学质量信息收集系统、教学质量评估与诊断系统、教学质量信息反馈系统[⑤]；广西师范大学贺祖斌教授提出了高校教学质量内部保障体系的"六大系统"模式，包括决策指挥系统、运行系统、教学工作评价系统、教学信息系统、教学管理的支持保障系统以及仲裁督导系统[⑥]；南京晓庄学院的张波认为，高校教学质量保障体系构建的核心要素和逻辑前提是教学质量保障体系的理论预设和价值取向，教学质量保障体系构建中对外部管理属性的张扬、对行政力量的倚重、对教师责任主体的强调以及对教师评价主体和高校

---

[①] 张明，张一春.基于大数据技术构建高职院校教学质量监控体系的研究[J].中国职业技术教育，2021（35）：19-23. 王鑫，张增平.基于大数据的少数民族地区高校教学质量影响因素实证研究[J].内蒙古财经大学学报，2020，18（1）：126-129.

[②] 王岚，吴跃本，崔金魁.高职院校"双师型"教师专业素质培育体系研究[M].南京：东南大学出版社，2021：31.

[③] 丁政，徐小明，吴福根等.从ISO9000标准的八项原则看高校教学质量保障体系的构建[J].中国现代教育装备，2009（15）：162-164.

[④] 李勇，宋远航.构建高校内部教学质量保障和监控体系的分析与探讨[J].中国高教研究，2001（4）：54-55.

[⑤] 李汉邦，宋烈侠.高等学校教学质量保障体系的几点思考[J].中国大学教学，2004（2）：52-53.

[⑥] 贺祖斌.高等教育大众化与质量保障[M].桂林：广西师范大学出版社，2004：63.

物质性教学资源的漠视，这些都是高校教学质量保障体系构建中诸多问题生成的制度性根源[①]；华东师范大学戚业国认为高校内部质量保障体系需要建立在高等教育价值基础上，高校的目标和使命是质量保障的基础，办学投入是质量保障的条件，办学过程是质量保障的核心，办学成果的评价是不断改进和提高质量的主要途径和措施[②]；武汉大学的赵菊珊和漆玲玲以全面质量管理理念为指导，阐述了高校内部质量保障体系构建的基本思路[③]；北京工业大学李庆丰等人认为教育者、教育影响和受教育者是影响教学质量的主要因素，人、时间、空间和信息是高校教学质量管理的基本要素，提出了构建"四维一体"的教学质量保障体系，其中，"四维"即指教师教学发展机制、课程发展机制、学生学习发展机制和教学质量监控机制，"一体"即指教学质量保障体系[④]；陕西师范大学田建荣和马莹认为学业考试是高校教学质量保障的重要手段和基本途径，但是我国高校长期以来不重视学业考试改革和职能发挥，教学中存在考试内容陈旧、考试形式与方法单一、考试后无反馈等问题。为此，应把提高教师对学生学业的评价水平与质量作为提高教学质量的突破口，进而通过提高高校学业考试的科学性促进教师提升其教学水平，完善我国高校教学质量保障体系。[⑤]此外，从以往的实践看，我国高校在学习和借鉴国外教学质量保障的理论和实践的基础上，主要探索和运用了ISO9000质量管理模式、全面质量管理模式和质量监控与评价模式。

---

① 张波.高校教学质量保障体系构建中应予关注的几个问题[J].高教发展与评估，2009，1（25）：6-10，17，120.
② 戚业国.高校内部本科教学质量保障体系建设的理论框架[J].江苏高教，2009（2）：31-33.
③ 赵菊珊，漆玲玲.高校内部教学质量保障体系建设的实践探索[J].教育探索，2009（4）：65-66.
④ 李庆丰，章建石.高校教学质量保障体系的理论构建[J].中国高等教育，2005（11）：57.
⑤ 田建荣，马莹.高校学业考试现状与高校教育质量保障的基本途径分析[J].高等教育研究，2009（3）：37-41.

## （二）我国学者对高校质量保障体系研究的特点与不足之处

从我国现有的高校教学质量保障体系研究进展来看，主要存在以下特点或不足。

（1）我国学者对高等教育质量保障研究在最近十年呈现出渐趋发展之势，尤其是2006年以来，该领域的研究开始激增。这在很大程度上与我国高校的两次大规模扩招紧密相关。

（2）研究成果显示，我国学者针对国外（以发达国家为主）高等教育质量保障的研究多于对本国高等教育质量保障的研究。并且大多数学者以介绍国外的实际做法和总结显见的可鉴经验为主，对其深层次原因和理论基础缺乏深入系统的研究。

（3）研究者热衷于宏观层面的问题研究，对微观和具体操作层面的问题关注不多。此外，对质量文化层面的研究也有待深入。

（4）多数研究者偏重于外部质量保障体系研究，对于高校内部教学质量保障体系的研究有待加强。

（5）研究者多从事高等教育理论研究和高校管理研究，专注于高教质量保障研究的学者很少。

（6）尽管近年来相关研究的数量在不断增加，但存在一些内容重复的情况，研究质量也有待突破。此外，针对不同学科的高等教育质量保障研究甚少。

（7）研究方法中理论结合实证的运用尚显薄弱。对于高职教学质量保障体系的建设、当中可能遇到的问题以及如何解决这些问题等内容的探讨常常停留于理论层面，对实证的考察或检验有待加强。

（8）研究的内容大多集中在高等教育质量保障的理论构建和介绍，且研究深度和广度不够，理论研究趋同，实践操作指导性较弱。对高等教育质量保障的实践和案例研究较少，尤其是对质量保障体系的经济性、动态长效性等内容的考量不足，对所构建质量保障体系的实践效能的观测、论证，以及后续改进等工作不够深入。

（9）对高职院校质量保障的研究存在以偏概全的问题，如把高等职业教育质量保障体系等同于教学质量保障体系，要么将其等同于教育评估体系，要么将其同等于学校内部的质量管理和自我评价，要么将其等同于高等职业教育引入ISO9000质量保障体系。

教学质量管理是一项全面性的工作，但还是需要找准"抓手"，提高效率。对此，我们认为教学质量保障应以课程为着力点。基于以上思考，笔者在前人研究的基础上，拟构建"以学生为本、教师发展为主、以课程为核心"的发展性高职院校内部教学质量保障体系。

# 第二章
## 高职院校内部教学质量保障体系概述

在我国新世纪第一个教育发展纲要——《国家中长期教育改革和发展规划纲要（2010—2020年）》中[①]，国家明确提出要将提高质量作为今后我国高等教育发展的核心任务。如何提高高等职业教育的质量？纵观国内外高等教育质量管理的历程与发展趋势，笔者认为可以总结为以下几点：第一，就质量保障的对象而言，教学质量是关键；第二，就质量保障的责任主体而言，高校责无旁贷理应是主干力量，外部质量保障组织则是辅助；第三，就教学质量保障的形式而言，高校内部教学质量保障工作的结构化与系统化建设是关键，外部质量保障活动的多元化系统架构是必要的补充。本章将对高职院校内部教学质量保障体系的相关概念进行界定，分析其理论基础以及特征与功能。

## 第一节　高职院校内部教学质量保障体系的理论基础

所有问题只凭单一理论难以展开富有成效的研究。某些问题涉及面广且性质复杂，无法通过单一理论能解决。而其他理论也同样力不从心。尽管单一理论表面上更加简单易懂，但通过使用多元理论，某些问题能够获得更加深入的理解。本节将为高职院校内部教学质量保障体系建设、外部第三方独立机构的院校质量审计寻求相关的理论基础，主要对教育哲学、现代大学制度理论、新公共管理理论和全面质量管理理论加以必要的阐述与分析。

---

① 教育部．国家中长期教育改革和发展规划纲要（2010—2020年）[EB/OL]．2020-07-29.http：//www.moe.gov.cn/srcsite/A01/s7048/201007/t20100729_171904.html.

## 一、教育哲学基础

教育哲学是整个教育科学中的一个重要的分支学科，又是教育科学中一门具有方法论性质的学科。辩证唯物主义认为事物的内部矛盾（即内因）是事物自身运动的源泉和动力，是事物发展的根本原因。外部矛盾（即外因）是事物发展、变化的第二位原因。内因是变化的根据，外因是变化的条件，外因通过内因起作用。内因和外因辩证关系原理具有深刻的实践意义，这是本书的哲学根据，即"高校是教学质量保障活动的主要责任人，高职内部教学质量保障是整个高职教育质量保障体系的重中之重，是根本之所在，但外部质量保障系统作为重要的辅助力量势必不可缺失，一个完整的高职教育质量保障体系需要内、外两个系统的协调运作"。

具体而言，首先内因作为决定事物发展的根本原因，从整个高职教育质量保障体系看，高职教学质量保障与提高的关键在于其自主发展和自我约束，而大学自治的空间将在很大程度上影响到高校自主发展与自我约束的责任感和积极性。从西方大学的发展史看，大学的职能在于"传递深奥的知识，分析、判断现存的知识，并探索新的学问领域"[1]，也就是说大学是研究和传播高深学问的地方，而"自治是高深学问最悠久的传统之一"[2]。其理由也十分明了，即"高深学问需要超出一般的、复杂的甚至是神秘的知识，那么自然只有学者能够深刻地理解其复杂性。因而，在知识问题上应该让专家单独解决这一领域中的问题，他们应该是一个自治团体"[3]。大学自治的内涵是指大学作为一个法人团体，可以自由地治理学校，自主地处理学校的内部事务，最小限度地接受来自外界的干扰和支配。[4] 大学自治是学术自由的初始行为，而学术自由则是大

---

[1] [美]约翰·S.布鲁贝克.高等教育哲学[M].王承绪，等译.杭州：浙江教育出版社，2001：13.
[2] [美]约翰·S.布鲁贝克.高等教育哲学[M].王承绪，等译.杭州：浙江教育出版社，2001：31.
[3] [美]约翰·S.布鲁贝克.高等教育哲学[M].王承绪，等译.杭州：浙江教育出版社，2001：31.
[4] [美]伯顿·R.克拉克.高等教育新论——多学科研究[M].王承绪，等译.杭州：浙江教育出版社，1988：24.

学自治的最终目的。①我国虽没有大学自治的法律支持，但在《高等教育法》中对高校自主权予以了明确的规定，保障大学的自主管理。高校内部教学质量保障是整个高等教育质量保障的基础，是决定高等教育质量保障体系发展情况的内因，是这一事物自身运动的源泉和动力。再进一步看，在高校内部教学质量保障体系中，教师和学生的自主发展与自我约束将是整个高校自主发展和自我约束的核心内容，是决定高校教学质量的主要内因。相对于此，教学管理、其他教学辅助及支持资源则成为外因。

其次，辩证唯物主义告诉我们，外因是事物发展变化的条件。大学虽然有其特殊性，但毕竟不可能脱离社会而独立存在，"传统的高等教育自治现在不是，也许从来都不是绝对的"②。在现代大学中，自治更是存在一个"度"的问题，人们需要将大学自治置于合适的位置（这一位置是相对和动态的）。事实上，完全的自治是不现实的。一方面大学的经费不可能完全独立；另一方面大学的人才培养最终将服务于社会发展，需要考虑外部需求。大学与政府、社会间存在着不可剥离的联系，相互之间互为需要、互为服务。正如奈斯贝特所言，高等教育管理机构必须是由学校的教授和校外的人士组成，学术自治才能取得实际效果。没有前者，大学就会信息不准；没有后者，大学就会变得狭隘、僵化，最后就会与公众的目标完全脱节。当然，大学自治还是要接受国家权力的监督，"一切有权力的人都容易滥用权力，这是万古不易的一条经验。有权力的人们使用权力一直遇到有界限的地方才休止"③，国家权力的监督无疑是确保大学自治依法进行的必要条件。我国的《高等教育法》明确规定"高等学校的办学水平、教育质量，接受教育行政部门的监督和由其组织的评估"。我国的高等教育管理体制决定了高等教育外部质量保障体系由政府

---

① 王建华. 从理念到制度：对"大学自治、学术自由"的再思考[J]. 青岛化工学院学报（社会科学版），2001（3）：5—10.
②［美］约翰·S. 布鲁贝克. 高等教育哲学[M]. 王承绪，等译. 杭州：浙江教育出版社，2001：33.
③［法］孟德斯鸠. 论法的精神（上册）[M]. 张雁深，译. 北京：商务印书馆，1961：154.

为主导。在一定程度上正是这种政府推动和主导的高等教育外部质量保障活动在助推高校内部教学质量保障机制的建立与完善。

最后，按照唯物辩证法，外因最终还是需要通过内因起作用。就高职教育质量保障体系建设而言，保证与提高高职教育质量的最终落脚点必须依存于高校自身质量文化的培育、质量保障机制的建立与完善等一系列工作。同时，高职教育外部质量保障活动的工作重心应该定位于关注其内部的教育质量保障体系的健全性和有效性。

**二、现代大学制度理论**

现代大学制度可以表述为"在社会发展逐步依赖知识生产的历史进程中，借以促进大学高度社会化并维护大学组织健康发展的结构功能规则体系"。[1] 如果我们把现代大学制度视为有助于大学健康持续发展的制度，那么一切反映大学本质规律、有助于解决现代大学问题的制度，均可以视为现代大学制度的实际内容。从现实来看，我国政府面对新时期的高教发展形势与要求，在这方面亦表现出与时俱进的态度。1998年8月29日，第九届全国人民代表大会常务委员会第四次会议通过的《中华人民共和国高等教育法》第十一条明确规定"高等学校应当面向社会，依法自主办学，实行民主管理"，这一表述直接触及了现代大学制度的核心。《国家中长期教育改革和发展规划纲要（2010—2020年）》针对政府对学校管得过多过细、高校办学自主权没有落实到位等问题，明确提出了推进政校分开，管办分离，以及落实和扩大学校办学自主权。建立现代大学制度，成了这一阶段我国高等教育改革的方向，也是高等教育发展的必然要求。建设包括高校内部教学质量保障体系和由第三方独立机构进行的外部质量审计在内的高等教育质量保障体系，符合现代大学制度建设的需要，也是现代大学制度建设中的重要内容之一。具体可以从

---

[1] 张俊宗.现代大学制度——高等教育改革与发展的时代回应[M].北京：中国社会科学出版社，2004：124.

以下几方面来理解。

第一，建设和发展高校内部教学质量保障体系，建设和发展以第三方独立机构为主导的外部质量保障体系，逐步形成适合我国经济社会发展需要、适合我国高等教育发展需要的高等教育质量保障体系，并根据环境的发展需要不断加以充实与完善，以改进现有的高校内外部教学质量监控体系，应该成为现代大学制度建设中高校"面向社会自主办学"的重要支撑。现代大学制度以"开放"为核心，高校内部教学质量保障体系的建设是高校对此的主动响应，而以第三方独立机构为主导的外部质量保障体系则是其重要的环境建设。我国在鼓励高校"面向社会自主办学"的过程中，应该与时俱进，逐渐走出封闭化的格局。高等教育系统开放性机制的缺失作为当前我国在现代大学制度建设中存在的重要问题，高校内外部教学质量监控体系在一定程度上的封闭性正是这一问题的突出表现之一。从高校内部教学质量保障体系建设的角度看，当前基本还处于由内部人员进行的教学质量监控状态，并且其结构化和系统化程度较低，在教学质量管理过程中对外部同行专家的引入、对社会信息反馈的系统收集与科学分析等方面，还存有极大拓展空间。而从高校外部教学质量保障体系建设的角度看，同样基本处于质量监控的状态，并且在以往的评估活动中，参与的人员基本难以体现相关利益主体的广泛代表性，社会各界的人员更是难以出现，社会近距离的参与性和监督性较弱。由此形成的封闭性较强的评估体系很难产生开放系统所需要的外部质量保障或监控所应有的效果与相关服务。故而，以建设和发展高校内部教学质量保障体系为主，辅之以第三方独立机构为主导的外部质量保障体系，是对我国现代大学制度建设的重要支撑。

第二，建设和发展高校内部教学质量保障体系为主，第三方独立机构为主导的外部质量保障体系为辅的综合保障体系，符合现代大学制度所关注的政府、高校、社会之间关系的权衡需要，也符合提高大学自身管理水平的需要。

（1）此举符合现代大学制度所关注的"平衡大学与政府间的关系"之需。现代大学制度要求正确理解和明确大学举办者、管理者和办学者之间的关系和责权，全面把握和落实大学作为法人实体和办学主体所应具有的权利与责任。从高校内部教学质量保障体系建设的角度看，高校需要对办学过程的教学质量负起首要责任，也需要通过相应的系统化建设与运行予以有效性地展现，让政府给予其更多的自主办学空间。而从高等教育外部质量保障建设的角度看，借助第三方独立机构形成"缓冲"区，可以成为政府积极处理这一平衡的有效方式。对于政府而言，可以通过此举有效推进政府职能的转变，避免对高校过多的行政干预；对于第三方独立性质的高等教育外部质量保障或评估组织而言，其所具备的中介属性、更强的专业性等能够更好地适应我国高校教学质量保障之需，政府则可腾出更多的精力致力于宏观管理与调控。大学属于组织范畴，有着一般组织的属性，但其崇尚学术自由和学术自治的秉性，又使得其有着自身的基于学术的发展逻辑，有效协调行政权力与学术权力之间的关系，对于保障学术民主、学术自由、推动学术进步显得至关重要。

（2）此举符合现代大学制度所关注的"完善大学与社会间的关系"之需。现代大学制度要求高校的管理必须主动适应社会与学生的需要。而从另一侧面看，社会各相关主体对社会化进程中的高校理应享有更多合理的愿望表达和监督的权利。从高校内部教学质量保障体系建设的角度看，其重要的一项内容就是要以开放系统的姿态，更多地了解社会与学生对教学质量的需求，主动收集、有效处理和合理运用学生和外部主体的相关反馈信息。而从以第三方独立机构为主导的外部质量保障体系建设的角度看，通过此类中介组织在高校与社会之间所起到的纽带作用，使以往与评价这类活动存有明显距离的社会各相关利益主体（如学生、家长、用人单位）也可从中获得更多的表达意愿、需求以及合理参与监督的机会。如此，既可以使高校在面向社会办学的过程中，得到更及时、广泛、有效的需求和教学质量反馈信息，也使高校面向社会办学的教学质量保障过程具备更广泛的督促和更有效的外力推动作用。

（3）此举符合现代大学制度所关注的"规范大学间的关系"之需。大学之间的关系既有竞争的一面，也有合作的一面。前者如有限的高等教育资源的配置，后者如同行间的学术甚至是教学活动上的交流与合作。而事实上，更多地表现为"竞合"，即竞争与合作同在。从高校内部教学质量保障体系建设的角度看，通过教学质量的公开承诺、相关保障工作的系统实施、毕业生的输出，以开放的系统、公开的教学质量信息展现于社会、政府和学生面前时，在资源竞争上可更显公平，在合作上则更具互认、互信、互为促进的基础。而从以第三方独立机构为主导的外部质量保障体系建设的角度看，建立起高校间平等、合理和有序的竞争秩序，正是此类第三方独立机构所起的重要作用之一。此类机构在外部质量保障活动中秉持"价值中立"，最大限度地向外界提供真实、可靠、全面的质量审计或评估报告、高校质量信息，为各高校在关系其生存与发展的领域（如争取财政拨款、生源、社会认可等）建立起平等、合理、有序的竞争秩序，有助于规范大学间的关系，也有利于优化教育资源的配置。

（4）此举符合现代大学制度所关注的"提高大学自身管理的水平"之需。高校治理结构的完善和发展作为现代大学制度的本质内容，提高高校自身的管理水平在很大程度上亦取决于此。就"治理结构"而言，一方面，其适用于"开放的系统"，本身也具备充分的开放度；另一方面，其"多向交叉"地通过制度设计和组织运行规范，这个结构本身就使开放系统中的各方面具有了"互相监管"的功能。从高校内部教学质量保障体系建设的角度看，正是在切实进行此项工作；而从第三方独立机构主导的外部质量保障体系建设看，正是要促进或有助于培养高校内部这种"治理"结构的完善，以使高校不断地提高自我质量保障的管理能力和对质量改进的主动需求。

第三，以建设和发展高校内部教学质量保障体系为主，并辅之以第三方独立机构为主导的外部质量保障体系，可以有效地促进政府的宏观管理。政府职能转变对促进现代大学制度建设意义重大，当中涉及政府在各项相关权力上的重新定位，此举直接为政府下放和转移高等教育管理中的一部分权力提供更大的可能，为政府在高等教育领域走向宏观层面的管理提供了重要的支持条件。

综上所述，现代大学制度理论可为"以建设和发展高校内部教学质量保障体系为主，第三方独立机构为辅的外部质量保障体系"的思路提供重要理论支撑。

### 三、新公共管理理论

新公共管理运动始于20世纪80年代初的新西兰，称为新西兰模式，后来传至英、美等国。与"新公共管理"同属于一个概念的还有"管理主义""新管理主义"，仅称谓区别而已。

法恩翰（Farnham）与霍顿（Horton）将新管理主义（New Managerialism）定义为："公共部门在近年内所发生的结构、组织和管理的变化。其精髓是将私营部门的管理系统和管理技术运用于公共服务部门。"行政的传统特征（如官僚制、渐进性、特殊性等）转换成管理主义的新特征（如经济、理性和普遍性）。[1]

根据西方行政学者格里尔、奥斯本和盖布勒等人的论述，新公共管理主要有以下思想：①政府的管理职能应是掌舵而不是划桨；②新公共管理把一些科学的企业管理方法，如目标管理、绩效评估、成本核算等引入公共行政领域，对提高政府工作效率是有促进作用的；③政府应广泛采用授权或分权的方式进行管理；④政府应广泛采用私营部门成功的管理手段和经验；⑤政府应在公共管理中引入竞争机制；⑥政府应重视提供公共服务的效率、效果和质量；⑦政府应放松严格的行政规则，实

---

[1] 李鹏. 新公共管理及应用 [M]. 北京：社会科学文献出版社，2010：10.

施明确的绩效目标控制；⑧公务员不必保持中立。[①]

新公共管理思想是西方社会特定的政治、经济、科学技术发展条件下的产物，体现了西方公共行政发展的趋势和方向。新公共管理改革浪潮在西方国家普遍展开之后，已经在相当程度上改善了西方国家的公共管理水平，促进了西方国家经济与社会的发展，满足了更多的公共服务需求，同时也增强了西方国家在国际社会中的竞争能力。

随着全球一体化的发展趋势，在完善我国社会主义市场经济建设中如何进一步更好地发挥政府的作用，政府如何运用市场的方法来管理公共事务，提高公共行政服务的质量和效率，实现公共行政管理的现代化，这是摆在国人面前的现实而又紧迫的问题，有必要进行深入的研究。而以市场化为导向的西方国家公共行政管理改革的理论与实践，显然可以为我国的公共行政管理改革提供一定的经验，也同样适合在我国当前高等教育管理体制改革中加以合理借鉴。当然，我们在借鉴或学习中，首先需要认清本国的现实国情，加以合理取舍。

就我国高等教育领域而言，高校绝大多数为公立性质，政府相关的管理行为也常常表现出较强的行政性特点。当前，我国正在逐步推进高等教育领域的政府职能转变。在此背景下，以高校内部教学质量保障体系建设为主，辅之以第三方独立机构（以半官方机构为过渡）主导的外部质量保障体系，无论是对我国政府在高等教育领域的职能转变，还是对高校内部教学质量管理中增强学术力量的发言权与自主保障力而言，都具有丰富的内涵。从我国政治、经济、社会的发展看，当前我国正处于"转型期"，这一理论在我国尚不成熟，但还是有不少地方值得我国在发展高校教学质量保障体系中加以借鉴。

（1）政府在高校教学质量的监督方面，可以逐步由"划桨者"转变为"掌舵者"。要做到这一点，一方面需要培养和促进高校对教学质量保障的自主性与自觉性，支持和鼓励高校内部教学质量保障体系的建设与完

---

① 柴生秦.新公共管理对中国行政管理改革的借鉴意义[J].西北大学学报，2000，30（2）：136-141.

善。另一方面应以半官方机构为过渡，逐步推进以第三方独立机构为主导的多元化高等教育外部质量保障体系的建设。以此为中介，更好地处理政府与高校的关系，既可维护高校的办学自主权，又能保证政府履行必要的监督，为政府对高校的管理走向宏观层面创造条件。

（2）通过以高校内部教学质量保障体系建设为主，辅之以第三方独立机构主导的外部质量保障体系，增进绩效管理。第一，可以增进高校的绩效管理工作，进一步保证学校对政府的资金投入进行合理、有效的使用，政府也可通过第三方独立机构的外部质量保障工作对高校进行必要的绩效问责。第二，从整个高等教育质量保障而言，我们需要"在高教质量保障的成本与功效之间寻求一种平衡"。[①] 这其中还包括对高等教育外部质量保障组织机构在工作中体现成本与成效平衡的要求。而以第三方独立的性质作为此类机构的建设与发展方向，对此的实现将更有保障。一方面此类机构作为独立的市场主体，需要直接对自身的生存和发展负责，在很大程度上需要通过为各相关对象（如政府、高校、社会各界、学生等主体）提供切实有效的专业服务作为其维持和发展的依存点。这将促使中介组织通过提高自身的工作绩效证明其存在的价值。如不断改进和完善评价与诊断的专业技术与方法、有效组织结构合理的专家队伍等。另一方面从西方此类组织的发展经验看，通过第三方独立或者评估中介组织的性质，可以吸收更多志愿者提供义务的支持，也可合理吸收更多的社会捐助，这些都可为高等教育外部质量保障活动所需的较大规模的智力资源和物质资源提供补给。

（3）以高校内部教学质量保障体系建设为主，辅之以第三方独立机构主导的外部质量保障体系，是"在公共管理领域引入竞争机制"的重要契机，同时这也是一种环境建设。从高校内部教学质量保障体系的建设看，其为高等教育领域的资源配置工作引入了重要的参考，即各学校这一体系的建设及有效运行的情况可以为政府资源配置提供重要依据。从外部

---

① 陈玉琨. 高等教育质量保障体系概论[M]. 北京：北京师范大学出版社，2004：104.

质量保障体系中发展第三方独立机构看，这既可通过此类中介机构在高校间建立起公平、合理、有序的竞争秩序，亦可在发展多元化高等教育外部质量保障体系的过程中，为此类机构准备一种竞争机制，为其组织理念、技术、方法的不断进步，以及绩效的增进提供生生不息的动力。

（4）以高校内部教学质量保障体系建设为主，辅之以第三方独立机构主导的外部质量保障体系，符合"政府对提供公共服务的效率、效果和质量的重视"。从高校内部教学质量保障体系建设看，尽管政府给予高校更多办学自主空间，但主要是对高等教育这一公共服务领域的效率、效果、质量加以关注，只是管理理念和方式上有了更合时宜的明智选择。因此，政府职能转变的同时，必然需要高校提供自我教学质量保障的能力与行动证明。而从外部质量保障体系中发展第三方独立机构看，以往基本由政府相关机构主持的评估虽然取得了一定的成效，但大部分高校更多地视之为"检查"，以至于出现应付检查的状况，而政府为此付出的工作量和资源却可以用巨大来形容，投入与产出失衡。在高等教育质量保障体系中发展第三方独立机构，引入专业化的教学质量保障外部力量，有助于提高此项工作的质量和效率，有助于高校自觉地将更多的注意力放在问题发现和质量改进上，从而在很大程度上实现高校教学质量的真正促进。

综上所述，新公共管理理论中一些关于政府职能转变、重视公共领域的绩效、在公共领域引入竞争机制等方面的思想，对以高校内部教学质量保障体系为主，并辅之以第三方独立机构为主导的外部质量保障体系这样一个高等教育质量保障体系建设的总体思路而言，具有一定的理论参考价值。

### 四、全面质量管理理论

在高校教学质量监控体系向教学质量保障体系发展的过程中，全面质量管理理论对高等教育管理有着较为深远和广泛的影响。同时，其也是高等教育质量保障运动的重要背景因素之一。

全面质量管理（Total Quality Management，TQM）于20世纪60年代初由美国的菲根堡姆最先提出。简言之，全面质量管理即通过对企业生产活动的全过程、全方位和全员参加的质量管理活动，从企业工作的各个方面、各个环节保障产品质量达到或超过顾客满意标准系统的质量保障方法。[①] 其主要特点如下：①具有全面性；②是全过程的质量管理；③是全员参与的质量管理；④是全社会参与的质量管理。

从其对高校教学质量保障体系建设的影响看，可以使人们认识到以下几点。

第一，高校教学质量保障工作具有全面性。具体而言，即高校教学活动要秉持"全面的教育质量观"[②]，教学质量的实现要从学生的知识学习、思想态度、价值观、创新精神与实践能力等全方位综合进行，致力于学生的全面发展。

第二，高校教学质量保障活动具有全过程性。高校教学质量保障建设需要关注教学的全过程，并将重点放在所有教学环节中影响教学质量的主要因素或关键控制点上。对此，应注重总结与研究，注重教学质量信息的系统收集、整理与科学分析，从而为教学质量保障的全过程管理提供有效的信息与技术支撑。

第三，高校教学质量保障活动需要全员参与。高校教学质量保障及其建设与运行需要全体教职员工与学生的共同参与，有效协作。具体而言，其一，高校领导班子要重点关注质量管理的制度建设与决策部署，关注质量文化的引领工作。其二，教师作为教学质量保障的主干力量之一，应具有质量意识并付诸行动。与此同时，在诸如教师教学评价之类的工作中，与尊重教师在教学中主体地位一样，也要使其在质量保障中

---

① 陈玉琨.教育评价学[M].北京：人民教育出版社，1999：218.
② 陈玉琨，等.高等教育质量保障体系概论[M].北京：北京师范大学出版社，2004：112.

的主体地位得以体现,激发教师的主动性与积极性。并且,要让包括评价对象在内的相关人员参与进来,在充分尊重教师工作的基础上进行信息交流与观点共建,促进质量保障的有效性。其三,教学管理及其他相关人员则要围绕质量保障做好日常管理、服务与辅助工作。其四,学生作为教学质量最直接的利益相关者和体验者,在教学质量保障中应该发挥主动性,认真参与教学质量的信息反馈,同时也应提高自身的学习主动性,树立"教学质量关乎我切身利益"的意识。

第四,高校教学质量保障应致力于质量的持续改进。在高校教学质量保障工作中,应体现对"教学质量持续提高"的要求,而有效的评价、诊断与反馈则是教学质量改进的重要前提。对此,在教学质量保障工作中需要注意以下几点:其一,体现评价的多元化(涉及参与主体、评价方法与形式、信息源、观测视角等);其二,体现评价指标设计的科学、合理与规范性;其三,体现评价结果的运用对教学工作的实质性促进作用,而不是成为物质奖惩的附庸。对于评价中发现的问题,一方面要通过专家向教师提供建议或与之交流;另一方面也要通过诸如为教师专业发展、学习型组织的建设,提供条件保障,积极增进教师主动解决问题的意识与能力培养。

第五,高校教学质量保障活动需要全社会参与。高校面向社会办学,其教学质量保障体系不仅需要内部全体人员的共同努力,也需要社会各方相关主体的积极参与。尤其是通过外部的信息反馈,既可体现社会对人才的多元化需求信息,也可反映学校以往的教学质量水平,从而促进高校教学质量的改进,提高高校教学质量的社会需求契合度。这些信息反馈的渠道和形式多样,如用人单位的信息反馈、毕业生的满意度调查等。当然,这也需要高校在充分利用反馈信息方面发挥主动性,否则即使有再多的反馈也难以产生实效。作为面向社会办学的高校,在内部教学质量保障工作中,对此应该少些顾虑,多些质量风险管理意识,多为外部反馈提供些机会和渠道,多做些主动的调研和分析。

## 第二节 高职院校内部教学质量保障体系的特征与功能

### 一、高职院校内部教学质量保障体系的特征

从现有的相关研究和实践经验来看,高职院校内部教学质量保障体系与我国现有的高校教学质量监控体系相比,主要表现出以下特征。

(1)高职院校内部教学质量保障体系的第一个特征是整体性。即在教学的全过程中调动全体教职员工与学生的参与和奉献,从高校教学活动的各个环节,全面且有重点地展开自我保障工作,并配合外部主体(相对于前者)的协同保障工作。对此,学校应从整体上进行规划与运作,以保证教学质量的持续提高。该体系的建设与有效运行在很大程度上标志着教学质量保障作为一项职能相对独立的、常规与系统的工作存在,或者说更多地体现出此项工作的制度化。

(2)高职院校内部教学质量保障体系的第二个特征是适应性。其一,对外的适应性,即高职院校教学质量保障体系建设的一个主要出发点就是要更好地满足社会需求,该体系需要通过一系列机制,根据社会需求的变化来调控内在要素,密切关注教学质量与社会需求的同步发展。而这一特征也同时伴随了另一个从属特征,即开放性。高校教学质量保障体系应该是一个具备外部交流与沟通能力的开放系统,如此才能更主动、有效地了解外部需求,同时也向外部传递学校的教学质量信息。其二,对内的适应性,即可以根据本校的定位与特色来建设自身的教学质量保障体系。

(3)高职院校内部教学质量保障体系的第三个特征是主动性。高职院校自主办学是一种权利,更是一种责任体现。高校通过内部教学质量保障体系的建设,主动承担教学质量保障的首要责任,是维系和拓展其办学自主权的重要前提之一。其主动性更具体地表现在该体系的内部运行之中,即高职院校需要主动进行质量文化建设,主动进行质量保障的制度建设,主动择用研究质量保障的方法和技术,主动寻求外部智囊支持,

主动探寻存在的问题并加以改进，主动与外部进行有效沟通等。

## 二、高职院校内部教学质量保障体系的功能

高职院校内部教学质量保障体系的功能大致可以分为对外的功能和对内的功能两方面。对外而言，主要是公开承诺功能与自我证明功能；对内则主要体现在质量文化引领功能、诊断与调控功能、信息集成与发布功能、约束与激励功能几个方面。

（1）公开承诺功能。高职院校内部教学质量保障体系的运行首先需要学校基于对社会需求的判断、自身条件以及自我发展愿望等内容，确定一个教学质量保障的目标集合（包括办学理念、学校定位、人才培养目标等），并将此公之于众，成为对社会的一种承诺。这里面既包含了学校教学质量保障的基本要求，即达到社会所公认的毕业或学位标准；也可以根据学校适应或引领社会需求的能力及其自我发展的愿望，展现教学质量保障工作的更高追求，即超越合格标准，持续发展，不断提高教学质量。

（2）自我证明功能。此功能是前一功能的必要延续，既然有了公开的教学质量目标和标准的承诺，高职院校作为自主办学、自我负责的主体，需要通过主动的自我证明来赢得外部认同。这种自我证明不仅体现在结果上，还应体现在教学质量保障体系的规范建设和有效运行之中。并且，需要高校主动与外部进行有效的信息互动，向外展示自我教学质量保障的设计与执行能力，从而增进外部主体对其教学质量的信心。

（3）质量文化引领功能。高职院校内部教学质量保障体系的建设，对学校全体教职员工和学生而言，具有一种质量文化引领的功能。实践中，大多数此类体系均是由外部推动或由学校领导层发起的。因此，质量文化在全员中的普及与深入，更需要借助这一体系的建设与有效运行来展开。对此，一方面需要通过建设，加强对全体人员质量文化的引领；另一方面需要通过有效的运行，巩固和加深全体人员对质量文化的认可，

直至共同创建。

（4）诊断与调控功能。此项功能是高职院校内部教学质量保障体系的主要内容，也最能被全体人员所感受到。质量保障区别于质量监控的重要内容就是通过评价来形成科学合理的诊断，并进行有效的反馈，从而保证切实的改进。在教学质量保障过程中，绝大多数评价的主要目的在于为诊断和反馈服务，中间媒介通常以评价报告和改进方案的形式，最终通过问题的改进作用于教学质量保障。调控功能主要体现在借助反馈信息进行改进。此外，还体现在质量信息管理与研究部门通过信息处理与分析，为相关的责任主体、决策机构提供有效的分析报告，进而对教学过程以及其中的关键控制点和支持资源进行调控。

（5）信息集成与发布功能。在高职院校内部教学质量保障工作中，评价与诊断、反馈与改进既是常规内容，也是关键内容。而这些活动无不以信息为载体，工作的开展需要建立在信息的收集与处理（包括筛选、分类、建立索引等）、统计分析与交流之上。高职内部教学质量保障体系的建设可以为这些信息的系统收集、处理、归档与研究提供可靠保障，促进信息集成和发布的科学性、规范性与有效性，更好地保证信息的全面性、可靠性和适用性。

（6）约束与激励功能。高职院校内部教学质量保障通过各类制度建设、质量文化建设，以及评价、诊断、反馈、改进和监督等工作，形成较为全面的约束与激励机制，使各个部门和全体人员形成较为强烈的责任感。此中所谓的责任，既包括质量保障体系组织和制度框架内的既定职能与规范，也包括自觉的质量意识、奉献精神以及付诸实施的自我增进。

# 第三章

## 高职院校教学质量的影响因素

"质量就是生命"成为现代教育质量保障体系建设的根本共识。维系、巩固和增进"教学质量"需要人们积极探索高等教育教学质量保障的普遍规律。教学质量影响因素的研究应该成为其中的一项重要内容,从而为高职院校教学质量保障体系的建设与发展提供重要抓手,使质量保障活动有的放矢,使教学质量得到更为有效的保证和持续的提高。

## 第一节 高职院校教学质量影响因素的文献分析

众所周知,高职教学工作本身就是一项十分复杂的系统工程。在大众化背景下,更是表现出不断加深的系统开放性,与外部的联系紧密而纷繁,来自方方面面的众多因素影响着高校的教学质量。这些影响因素,从宏观层面看,包括社会政治、经济、科学、文化环境、教育的政策、体制与法规,甚至是国际高教市场竞争环境等因素;从中观层面看,包括社区环境、高校办学理念与定位、办学条件、专业与学科建设、教学管理等;从微观层面看,包括教师的素质、教学方法和态度、学生的学习态度和方法,或者课程的设置、实施等一系列活动。尽管如此,对于高职教学工作而言,教育管理部门也应给予高校与承担这一使命相称的自主办学空间,因为高职院校教育质量保障最终培养的是进行质量保障的自觉性和校本能力,外部的一切努力均应围绕于此,那么这项工作才有可能长期开展。

对高职院校教学质量影响因素研究的学术价值和实践意义是十分显著的。好的研究成果可以为其教学质量保障活动提供关键抓手,为教育质量保障的执行与监督主体提供有价值的参考,从而提高保障活动的可靠度和有效度,同时也可在学术上对教育质量管理加以丰富。下面分别从国内外学者的研究动态和质量保障机构的评价标准两方面进行阐述和总结,以使本研究在探寻研究变量的过程中可以有一个比较全面的视野。

一、文献分析

近年来,随着我国高等教育规模的快速发展,大学教学质量成为人们关注的热点问题,相关的研究与实践开始萌发。下面主要对我国学者发表的涉及高等教育教学质量影响因素研究的论文、相关课题的成果以及国家教育管理部门用于评价高校教学工作水平的指标体系作一概述。

(一)国内学者关于高等教育教学质量影响因素的研究

目前为止,我国对高校教学质量影响因素针对性研究在数量、方法、广度和深度上相对国外学者而言,都还有较大的拓展空间,研究文献较少。从当前对高校教学质量影响因素的研究看,研究者较为关注的内容可以从以下几方面大致加以概括:

1. 基于学生学习行为特征的研究

北京大学教育学院的鲍威副教授分析了扩招之后我国高等院校中各类学生群体的社会属性、学习行为特征、各类高等教育机构中的学生群体分布特征、学生类型背后的影响因素。研究结论之一是:通过学生类型影响因素分析,发现高校在教育质量的提升中,尤其是强化教育课程体系性、实践应用性,完善课堂外教学服务将能帮助更多的学生成为高度匹配型,提升大学教育的成效。[1]王洪苹、王识达基于DEMATEL方法对高校教学质量学生影响因素进行了分析,在众多的学生因素中找到

---

[1] 鲍威. 多样性给大学教育带来的挑战:扩招后中国高校学生的学习行为特征分析[J]. 北大教育经济研究, 2008, 36(1): 78-82.

了影响高校教学质量的主要因素。[①]

**2. 基于学生满意度的研究**

复旦大学孙莱祥教授等通过对学生满意度的问卷调查，得出影响研究型大学教学质量的十余项主要因素，包括：教师的理念及教学观；教师自身的教学、科研水平；教师对教学工作的精力投入；教学方法；启发式教学；师生互动；小班课；教学条件（实验室、图书馆）；学生掌握基础的程度；学生学习的主动性；学生的潜力；学生参与科研活动的时间；非智力因素；学习环境。[②]华东师范大学谢安邦教授等通过对9省市15所院校的问卷调查得出结果，教学条件是影响教学质量的物质因素；教师与学生自身存在的各种问题是影响教学质量的人为因素；教学管理制度是影响教学质量的制度因素。[③]华中科技大学教育科学研究院陈敏等教授对47所普通高校进行了教学质量学生满意度调查，调研结果如下：①学生、教师和管理人员一致认为教学质量较好。②三类人员对教学质量各分项的看法差距明显。对于学生基本能力指标，学生评分较高，教师次之，管理人员最低；对于教学管理指标，学生和教师的看法一般，管理人员的看法最好；对于实践教学指标，学生看法最差，教师看法较差，管理人员看法较好；对于教学基础设施指标，学生及管理人员的看法均较好，教师问卷未涉及；对于师资建设指标，学生和管理人员的看法均不太好，教师的看法最差；对于专业及课程建设指标，学生看法较差，教师看法最好，管理人员问卷未涉及。③三类高校教学质量差距明显。即985高校的平均分显著高于211高校和其他高校，但211高校的平均分与其他高校差异不显著，甚至个别分项的平均分还低于其他高校。

---

① 王洪革，王识达. 基于DEMATEL方法对高校教学质量学生影响因素分析[J]. 中国管理信息化，2020，23（15）：215-218.

② 孙莱祥，张晓鹏. 以提高学生发展能力为目标分析影响本科教学质量主要因素的研究[J]. 中国大学教学，2008（3）：18-23.

③ 谢安邦，韩映雄，荀渊等. 高校扩招后教学质量调查与分析[J]. 教育发展研究，2005（8）：84-89.

④学生的年级和教师的职称是影响他们对教学质量看法的因素。[①]北京大学教育学院岳昌君等教授分别在2003年、2005年和2007年对全国高校毕业生就学校提供的各类学习条件和机会进行了三次问卷调查。结果显示毕业生对高等教育质量是满意的，59.4%的毕业生认为质量"很好"或"较好"。影响高等教育质量的主要因素包括生均教育经费投入、师资水平、学校办学条件、学生入学水平、家庭经济状况等变量。[②]职业教育方面，上饶职业技术学院的王鹰汉以学生满意度为视角对3所高职高专院校教学质量进行问卷调查，发现其在师资、教学、管理、资源建设等方面存在问题。[③]

### 3. 基于教学效果的研究

辽宁科技学院孟丽认为课堂教学质量是教学效果的体现，是教学质量的关键因素，对教学质量起决定性作用。并且，教师是影响课堂教学质量的主要因素（教师教学理念、教师责任意识、教学能力）；学生是影响课堂教学质量的重要因素（学习态度、学习能力、学习方法）；教学管理是影响课堂教学质量的客观因素（教学标准、教学保障、教学督导、教学评价）。[④]湖南农业大学范玉辉提出，要提高教师的教学效果和质量，学生是基础，教师是关键，学校制度保障是根本。所谓学生是基础，即学生的学习主动性和积极性，学风、考风和学习态度都是提高教学效果的内驱力；教师是关键，即教师的学识水平、教学目的、教学态度、教学方法、育人理念以及教师的人格魅力等，都会在客观层面上极大地影响学生的学习积极性、主动性以及学习效果，从而最终影响教师的教学

---

① 新世纪教学研究所. 中国高等教育教学质量发展报告（2008）[R]. 高等教育出版社，2008：15–47.

② 岳昌君，胡丛. 毕业生对高等教育质量评价的实证研究 [J]. 北大教育经济研究，2008（1）45–51.

③ 王鹰汉. 新时期高职院校教学质量提升策略研究——基于学生满意度视角 [J]. 现代职业教育，2021（22）：110–111.

④ 孟丽. 影响高等学校课堂教学质量的因素、原因及对策 [J]. 沈阳农业大学学报（社会科学版），2008（2）：167–170.

效果和质量；所谓制度保障是根本，即一所高校要有严格规范的保障措施，确保育人工作的顺利推进。一所学校的校风、学风、作风和校园的整体精神风貌、育人环境、各种教学管理制度、学生综合评价体系等是否严格、科学、完整、系统，都会在宏观层面上影响学生学习的态度、效果和水平，最终影响教师的教学效果和质量。并认为，以下几个方面是影响高校教师教学效果的主要因素，即学生人数增加与教师资源不足矛盾凸显；教师重科研轻教学现象突出；办学层次和类型不断增多；评价激励措施不到位；教学条件的紧张以及教学经费的不足。[①]

### 4. 基于高校教育质量政策的研究

武汉理工大学张安富等人为了解人们对影响大学教育质量政策的看法，对高校的师生进行了问卷调查，问卷设置了影响教育质量的19个主观指标，这些指标对大学教育质量的影响程度按"有很重要影响、有重要影响、有一般影响、影响不大、基本无影响"等5个标度进行判断。研究结果将"很重要""重要"的人数比例分别相加，得出影响大学教育质量的前5个政策因素。教师和学生的反馈结果分别显示，他们对"教学条件建设、学校经费投入、学生扩招、学校经费使用"4项重要性的评价基本一致，有一项不同的是，教师选择倾向于"专业建设"，而学生选择倾向于"素质教育"。该项调研认为，教师和学生对影响教育质量政策的关注点主要在学生就业政策、专业建设、学生扩招、经费投入、教学条件建设等方面。[②]

### 5. 基于高等教育质量衡量标准的研究

北京大学教育学院闵维方教授等人于2006年12月至2007年1月期间组织了对北京市高等院校在校生和教师的大规模问卷调查。他们认为应该从3大方面来衡量高等教育的质量，即高等教育与学生的全面发展（学

---

① 范玉辉.影响高校教师教学效果的主要因素及对策研究[J].湖南社会科学，2007（2）：159-161.
② 新世纪教学研究所.中国高等教育教学质量发展报告（2008）[M].北京：高等教育出版社，2008：212-214.

生的学业成绩、综合素质发展和社会性）；高校教师、学生和资源投入（教师、学业基础、学业努力程度、学习兴趣和积极性、资源投入）；高校的课程体系和教学运作（课程和教学、制度和管理）。并且认为教师是影响高等教育质量的关键因素之一。研究表明，目前在教师教学投入方面的问题主要表现在教师数量不足和教师重科研轻教学两个方面。在教师调查中，有50%和51%的被调查教师分别认为，我国高校教学体制中缺乏"灵活的课程选修机制"和"灵活的专业选择、专业转换机制"。将近40%的学生未感受到"与自己兴趣相吻合的课程较多"，1/3以上的学生没有感受到高校"课程设计和管理制度有助于学科间的交叉和融合"，1/3的学生表示"对所学专业不感兴趣"。[①]

### 6. 基于院校内部教学质量管理的研究

广西师范大学周琨武和黄敏从学校内部探讨影响教学质量的因素，他们认为这些因素主要包括：教师因素（决定性因素）、学生因素、现代教育技术因素、课程结构因素（主要因素之一）、教学管理因素（基本保障）、教学设施因素、学风建设因素、实践教学因素和职能因素（指帮助学生就业方面的因素）。[②] 沈阳农业大学于长志认为就学校内部来说，影响教学质量的因素主要有教师（大班上课、工作量增加、青年教师不经过或很少经过助教阶段的实际锻炼）、学生（学生的原有认知水平、成就动机、学习能力与方法）、教学内容、教学条件以及教学管理等因素。[③] 上海大学叶志明教授等人提出了大学教学工作的10大类88项质量指标，其中有9项核心指标，具体包括：教授为本科生上课、课堂教学质量、试卷质量、实践教学质量、毕业论文质量、学生评教、主要的统考公共基

---

[①] 北京大学"首都高等教育"学科群项目组.2007年首都高等教育质量问顾调查概要[R].北京大学教育经济研究所、高等教育研究所简报，2007（9）：12-15.

[②] 周琨武，黄敏.高校本科教学质量影响因素探析[J].黑龙江教育（高教研究与评估），2008（1）：161-163.

[③] 于长志.扩招后从影响教学质量的相关因素的变化看高等教育教学质量[J].高等农业教育，2002（7）：22-25.

础课成绩、教学建设与研究工作等。[①]

### 7. 基于教学质量影响因素体系结构设计的研究

个别研究借助系统因素分析的具体方法，对事先规定的教学质量影响因素作相对重要性及影响与被影响情况的研究。如南京航空航天大学章玲等人设计了高等教育教学质量影响因素体系结构，主要因素包括教学质量所涉及的5个方面：一是教学目标，二是教学思想，三是教学内容（教学体系、教学内容），四是教学策略（教学模式、教学方式、教学方法），五是教师素养（教师的教学技巧、教师业务水平）。通过对南京8所高校的教务处老师和高级教师共53人进行的问卷调查，借助DEMATEL方法分析高等教育教学质量的影响因素，得出的结论是：第一，若想提高高等教育教学的质量，首先必须把握原因指标。因为原因指标（教学目标、教学思想、教学体系设置、教师的教学技巧和教师业务水平）不易改变，而结果指标（教学内容安排、教学方式、教学模式和教学方法）易改变。发现教学目标、教学思想和教师素养对其他因素的影响较大，而教学内容和教学策略受其他因素的影响较大。第二，9个指标中，特别需要注意教师业务水平，因为其对别的因素的影响最大；而教学模式、教学方式和教学方法受到别的因素的影响最大。[②]

### 8. 基于教学质量消极影响因素的研究

北京大学王义遒教授认为，影响教学质量提高的主要（消极）因素有：不良社会潮流和风气（学风和教风）；教育资源的扩大跟不上学生人数的增长；师资依然短缺，质量亟待提升；教学条件，尤其是实验设施和设备不足；生均教学经费持续下降；实际学制缩短；高校定位不当，办学模式趋同；学校管理不到位。并且认为整个社会风气、学风和教风对教学质量的影响最大。[③] 陕西师范大学孙法浩和衡旭辉认为，从国家层

---

[①] 叶志明，宋少沪. 重在建立教学质量的长效保障机制[N]. 中国教育报，2008-4-21.
[②] 章玲，周德群，汤建影. 基于DEMATEL方法的高等教育教学质量影响因素分析[J]. 南京航空航天大学学报（社会科学版），2009，11（1）：49-52.
[③] 王义遒. 对当前高等学校本科教学质量的一些看法[J]. 中国大学教学，2008（3）：4-14.

面看，影响高等教育质量的重要因素有：政府投入不足，投入强度与学生规模的增长速度不相适应；扩招背景下，对高校的宏观监控机制还待加强；在高等教育大众化背景下，相关配套政策表现出一定滞后性。从高校层面看，影响高等教育质量的重要因素有人才培养体系相对滞后，高校课程体系亟须调整；高校师资队伍建设还需加强；高校教学模式有待改进；高校内部质量监控体系有待完善。从学生层面看，影响高等教育质量的重要因素有扩招后生源质量的相对下降；部分学生学力投入不足，学习中表现出功利主义倾向。[①] 河南科技学院冯启高等人对2000—2007年河南高等教育相关数据统计分析后，认为影响河南省普通高等学校教学质量的客观因素主要有教学经费不足、教师数量不足和结构不合理、生源质量下降。主观因素有教学质量管理理念落后和管理方法陈旧、管理机构不全、管理制度不尽合理、管理机制单一。[②] 陇东学院周进军认为影响新升格本科院校教学质量的因素有：办学经费投入不足，教学基础设施薄弱；师资队伍的结构不合理，整体水平亟待提高；教学质量管理手段落后，缺乏科学完善的评价方法；课堂管理松懈，学生学习的积极性不高。[③] 洛阳大学董延寿认为影响我国高等教育教学质量的主要因素有：教育经费投入不足；部分领导认识上有误区，把规模看得比质量重要；高校专任教师数量不足，素质整体偏低；招生规模扩大，学生素质下降；教学条件欠缺，没有随着生源的增加而同步增加；教学管理滞后，质量意识不强；质量保障和评估体系不健全。[④]

---

[①] 孙法浩，衡旭辉.试论当前我国高等教育质量的影响因素及提升策略[J].枣庄学院学报，2018，25（6）：88-91.

[②] 冯启高，张焱，张玮等.大众化教育阶段影响河南普通高校教学质量的主要因素分析[J].河南职业技术师范学院学报（职业教育版），2018（5）：78-85.

[③] 周进军.影响新升格本科院校教学质量的因素及解决对策[J].陇东学院学报（社会科学版），2015（1）：100-102.

[④] 董延寿.影响我国高等教育教学质量的主要因素与对策[J].洛阳大学学报，2007，3（1）：105-110.

## （二）我国高等教育管理部门对高职高专院校教学工作水平评估的标准

根据教育部《关于开展高职高专院校人才培养工作水平评估试点工作的通知》（教高司函[2003]16号），教育部首次对25个省市的26所高职院校进行了人才培养工作水平评估。通过前期试点评估，教育部办公厅予2004年4月印发《关于全面开展高职高专院校人才培养工作水平评估的通知》（教高厅[2004]16号），文件规定："各省级教育行政部门应制定本地区高职高专院校人才培养工作水平评估工作的总体规划和年度计划，保证五年内完成对本地区所有高职高专院校的第一轮评估；应从2004年起对本地区高职高专院校分期分批开展评估，公布评估结论。"至此，5年1轮的高职高专院校评估制度正式建立。

我国高职高专院校教学评估的方案吸收了本科院校长期开展教学工作评估所积累的丰富经验，借鉴了《普通高等学校本科教学工作水平评估方案（试行）》的基本精神，并在对部分高职高专院校进行试点评估的基础上作了修订。在指标体系的设计上，力求简洁明晰、突出重点，既反映了高等教育的共同规律，又体现了高等职业教育的特色。

我国高职高专院校教学工作水平评估标准，包括6项一级指标（办学指导思想、师资队伍、教学条件与利用、教学建设与教学改革、教学管理、教学效果）、15个二级指标，具体参见表3-1。

表3-1 高职高专院校教学工作水平评估标准

| 一级指标 | 二级指标 | A(优秀) | B(良好) | C(合格) | D(不合格) |
|---|---|---|---|---|---|
| 1.办学指导思想 | 1.1 学校定位与办学思路<br>1.2 产学研结合 | | | | |
| 2.师资队伍建设 | 2.1 结构<br>2.2 质量与建设 | | | | |

续 表

| 一级指标 | 二级指标 | 评估等级 ||||
|---|---|---|---|---|---|
| | | A(优秀) | B(良好) | C(合格) | D(不合格) |
| 3. 教学条件与利用 | 3.1 教学基础设施<br>3.2 实践教学条件<br>3.3 教学经费 | | | | |
| 4. 教学建设与改革 | 4.1 专业<br>4.2 课程<br>4.3 职业能力训练<br>4.4 素质教育 | | | | |
| 5. 教学管理 | 5.1 管理队伍<br>5.2 质量控制 | | | | |
| 6. 教学效果 | 6.1 知识能力素质<br>6.2 就业与社会声誉 | | | | |
| 特色或创新项目 | | | | | |

## 二、总结与分析

通过上述文献研究，可以整理归纳出以下影响高职高专教学质量的主要因素，并按重要程度列举见表3-2。

表3-2 影响高职高专教学质量的主要因素

| 主要因素 | 影响因素 |
|---|---|
| 教师 | 学术背景和专业技能；与学生在课内外的互动（教师的指导、教师的关心）；师资数量与素质（教师心理素质）；教学方法（现代化教学手段、启发式教学）；师资队伍的结构；教学态度；教学行为；教师的理念及教学观；敬业精神；责任意识（对学生的学习给予及时反馈、对学生给予较高的期望感知和判断力）；学术交流和社交活动；成长经历；工作环境；教学的顺应性 |

续 表

| 主要因素 | 影响因素 |
| --- | --- |
| 学生 | 学习方式；学习态度（主动学习、学生学习的积极性）；进入大学之前的学习和准备（学生在大学之前的学校平均成绩、学生掌握基础的程度、基础知识）；能力（学生基本能力、学习能力）；生源质量；学习时间（参与科研活动的时间）；成长经历；参与行为和交谈；学生之间相互合作；学习动机；自信；自我管理；学风；自尊心；责任心；幸福感；学习过程；与教职员工的相处；个性；学习行为；认知发展水平；学生素质；对学校政策的表达机会；对课程的感兴趣程度 |
| 课程 | 课程的设计（教学和课程结构、课程附加实践机会、实践教学、就业指导、实习、课程结构体系）；教学过程（课堂讲课成效、课程教学）；教学目标；教学大纲；评价与反馈；教学结构；教学体系设置；课堂管理；教学内容；教学思想；办学理念；学制；专业和学科建设；教学模式；学科的性质；课程组织；课程教学档案；教学建设与研究工作；人才培养体系；教学制度；专业未来职业发展前景；教学效果；毕业生质量；教学改革 |
| 教学设施和条件 | 教学经费（资源投入）；教学条件（实践教学条件、办学条件）；教学辅助设备（计算机、图书馆设施和藏书量、实验仪器）；教学基础设施；学习资源 |
| 教学行政管理 | 教学质量监控体系；管理制度；管理方法；教学服务供应；管理理念；质量意识；管理机构；服务态度；日常安排；组织与管理 |
| 教学环境 | 学习环境（学习机会、实习机会、选择课程的机会）；学风和教风；班级规模；学术环境（参与研究项目的机会、人际交往的机会）；学校氛围；教学声誉；社会竞争与支持；社会制度、社会风气；学校和社区 |

综上所述，国外学者的相关研究主要表现出以下特点：首先，就研究层面看，多数研究十分注重微观层面，从教学工作的核心主体（即教师、学生及课程）出发，以求切实的研究成效。具体而言，在学生方面，较为关注学生学习的行为特征、个体属性对学习效果的影响及学生对有关问题的看法等；在教师方面，较为关注教师的教学方法以及课外与学生的互动等；在课程方面，较为关注课程的设置、组织等，而关于宏观层面的研究则主要强调环境对教学质量的影响，如教师政策、教育界的

整体氛围等。其次，就研究方法看，多数研究通常采用问卷调查、访谈等方法来收集样本数据，并借助统计软件进行数据分析，或者进行更为复杂的建模与验证。总体上，国外学者在此领域的研究选题范围小，但研究工作比较具体深入，常常会进行大量的调研且常辅之以实证，对高校如何保证和提高教学质量具有较强的实践指导意义与说服力。

相比之下，我国学者则主要是从宏观层面进行研究，定性描述多而定量分析少；思辨性阐述多而实证研究少。与国外学者相比，国内学者较多地集中于研究硬性因素。例如，我们在研究师资因素的过程中，更多地关注教师的学历、职称等，国外学者则更多地关注教师的教学技巧、教师与学生的互动情况等。同时，我国在此领域也应该加强社会学、心理学等方面的研究。

此外，我国高校内外部质量保障评估活动中所涉及的指标、内容及活动，从另一个角度反映出评价主体所关注的影响高校教学质量的主要环节或要素。总之，高校教学质量外部评估指标体系是相关专家智囊团在深入、系统研究高校教学工作水平或管理水平影响因素的基础上形成的，在很大程度上是对高等教育教学质量影响因素的指标化体现。通常而言，这些指标在高教领域具有较强的共识性。而高校内部教学质量保障活动及其内容、指标，在很大程度上反映出高校自身在办学过程中所关注的影响教学质量的主要环节或要素。这些都是很有研究价值的高校教学质量影响因素。

## 第二节 高职院校教学质量影响因素的实证调研

本节将在总结分析国内外研究成果的基础上，开展以问卷调查为主的实证研究，希望通过全面分析来自全国各地、各类高职院校师生反馈的第一手资料，深入解读影响高职院校教学质量的主要因素，为我国高职院校内部质量保障体系的建设提供参考。

为尽可能全面反映我国各地区、各类高校师生对教学质量的感受与期望，本次调研在开展之初就对样本的分布做了地区、院校类型和调查对象上的总体规划。具体而言，调查对象主要涉及教师、学生和教学管理干部三类，并分别设计了三类问卷，问卷内容由基本信息、封闭式问题（单选和多选）和开放式问题三部分组成。开展调研的高职院校共29所，在地区分布上覆盖了我国东部、中部和西部的16个省（市、自治区），其中东部地区10所，中部地区5所，西部地区14所。

调查问卷作为影响此次调研成效的重要前提，在设计中做了大量的前期研究和准备工作，以使问卷内容尽可能全面有效地反映影响教学质量的各类主要因素。与此同时，在设计形式上也作了一定的创新性探索，封闭式问题采用了由重要性和满意度构成的二维结构量表，以求更好地通过调研反馈结果的对比分析，对影响教学质量的各项主要因素进行测评，找出影响教学质量的关键因子。

本次调研反馈数据的统计与分析，主要采用了 SPSS 24.0 软件。下面将从以下几个方面对三类问卷所采集的信息进行分析与总结：第一，对问卷调查样本的基本情况进行概述。第二，通过对调查项目的分维，运用差距分析法对影响教学质量主要因素的重要性和满意度调查结果进行分析，计算二者的绩差，比较各类院校在影响教学质量主要因素方面的认识程度和执行面的差异，运用"优先行动矩阵"（Matrix for Prioritizing Action）工具，将调查数据概念化，划分出高重要性—低满意度、高重要性—高满意度、低重要性—低满意度和低重要性—高满意度的影响因素项，并针对相关影响因素项建议应该采取的措施。第三，对学生、教师和教学管理干部三类人群的调研结果进行比较研究。第四，通过因素分析法提取出影响教学质量的关键因子，为后续章节构建高职院校内部教学质量保障体系打下基础。

## 一、高校教学质量影响因素调研的基本情况分析

（一）问卷发放与回收情况

本次调研共发放问卷4127份，回收有效问卷3695份，调查问卷的有效回收率为89.53%。在回收的全部有效问卷中，学生的问卷约占60%，教师和教学管理干部的问卷约占40%。总体上看，本次调研实现了较高的问卷有效回收率。各类学校和人员问卷发放和回收情况具体见表3-3。

表3-3 调查问卷发放与回收情况表

| 类型 | | 问卷发放数 | 有效问卷回收数 | 有效回收率（%） | 占全部有效问卷的比例（%） |
|---|---|---|---|---|---|
| 人员类型 | 学生 | 2448 | 2232 | 91.18 | 60.41 |
| | 教师 | 1237 | 1072 | 86.66 | 29.01 |
| | 教学管理干部 | 442 | 391 | 88.46 | 10.58 |

此外，在开放式问题中，有40%的学生、43%的教师和46%的教学管理干部对影响教学质量的因素以及如何保证与提高教学质量发表了各自的看法和建议；有49%的教师和59%的教学管理干部介绍了高职院校为提高教学质量所采取的改革措施和取得的成效。

（二）调研数据的信度分析

信度即问卷的可信程度，亦称可靠性，其反映出检验结果的一贯性、一致性、再现性和稳定性。本研究使用SPSS 24.0作为统计分析软件，采用Alpha信度系数法进行检验，结果显示本次调查结果的信度较高，具体见表3-4。

表3-4 调查问卷各项核心量表的信度系数（Alpha）表

| 人员类型 各项核心量 | 指标 | 学生 | 教师 | 教学管理干部 |
|---|---|---|---|---|
| 各项影响教学质量的因素 | 重要性 | 0.976 | 0.985 | 0.938 |
| | 满意度 | 0.969 | 0.975 | 0.924 |

续 表

| 人员类型<br>各项核心量 | 指标 | 学生 | 教师 | 教学管理干部 |
|---|---|---|---|---|
| 各项能力和素质 | 重要性 | 0.963 | — | — |
| | 满意度 | 0.945 | — | — |
| 各项学习资源 | 重要性 | 0.925 | 0.947 | 0.944 |
| | 满意度 | 0.16 | 0.938 | 0.931 |
| 各项选课依据 | 重要性 | 0.769 | — | — |
| | 满意度 | 0.806 | — | — |
| 各项保证或促进教学质量的措施 | 重要性 | 0.840 | 0.851 | 0.878 |
| | 满意度 | 0.877 | 0.874 | 0.836 |

（三）样本的基本情况和特征

本次调研中，学生样本基本情况主要涉及性别、学科专业、年级、毕业后首选去向、院系类型和院校地区六个方面；教师样本的基本情况主要涉及性别、年龄、专业技术职称、最后的学历、从事的专业领域、院系类型和院系地区七个方面；教学管理干部样本的基本情况主要涉及性别、年龄、职务、从事的学科门类、院系类型和院系地区六个方面。具体统计如下。

**1.学生样本的基本情况和特征**

本次问卷调查中学生样本主要表现出以下基本特征：①总体上女生和男生人数相当。②总体上文科生最多，占43.4%；工科生占28.9%；理科生占22%；医科、农科及其他学科仅占了5.7%。③被调查学生中，三、四年级学生的比例相近。④各类院校学生对于毕业后的首选去向，大都为"就业"和"国内继续深造"，两项合计占86.1%，其中"就业"占54%，"国内继续深造"占32.1%。⑤学生所在院校以东、西部为主，比例相当。东部占38.1%；西部占41.6%；中部较少，占20.3%。

## 2. 教师样本的基本情况和特征

教师样本的基本情况和特征如下：①调研对象中男、女教师的比例相当；②中轻年教师占绝大多数，其中，35岁及以下的教师占47.2%，36~45岁的教师占34.1%；③从教师的职称看，讲师占一半以上，教授占13.5%；④半数以上教师的最后学历为硕士研究生；⑤教师的专业学科最多为文科，其次是工科和理科；⑥调研涉及东西部院校的教师数量基本相当。具体统计数据参见表3-5至表3-7。

表3-5 教师年龄的占比分布

| 年龄 | 人数 | 百分比（%） |
| --- | --- | --- |
| 35岁及以下 | 505 | 47.2 |
| 36~45岁 | 365 | 34.1 |
| 46~55岁 | 167 | 15.6 |
| 55岁以上 | 34 | 3.2 |

表3-6 教师专业技术职称的占比分布

| 专业技术职称 | 人数 | 百分比（%） |
| --- | --- | --- |
| 讲师 | 535 | 50.8 |
| 副教授 | 377 | 35.8 |
| 教授 | 142 | 13.5 |

表3-7 教师学历的占比分布

| 最后学历 | 人数 | 百分比（%） |
| --- | --- | --- |
| 大学本科 | 185 | 17.3 |
| 硕士研究生 | 551 | 51.5 |
| 博士研究生 | 328 | 30.7 |
| 其他 | 5 | 0.5 |

### 3. 教学管理干部样本的基本情况和特征

教学管理干部样本的基本情况和特征如下：①调研对象中男教学管理干部所占比率多于女教学管理干部；②中青年教学管理干部占绝大多数，其中，35岁以下占33.5%，36~45岁的占38.8%；③大多数教学管理干部为院系教学负责人；④教学管理干部的专业学科多数为文科，其次是理科和工科；⑤此次调研样本分布中，西部院校的教学管理干部多于东部。具体可参见表3-8。

表3-8 教学管理干部性别的占比分布

| 性别 | 人数 | 百分比（%） |
| --- | --- | --- |
| 男 | 224 | 56.9 |
| 女 | 170 | 43.1 |
| 总计 | 394 | 100 |

## 二、确定影响教学质量的关键因素

（一）从学生、教师和教学管理干部对封闭式问题的反馈结果分析

下面根据学生、教师和教学管理干部对教学质量影响因素重要性评价的均值大小来确定影响教学质量的关键因素。

从三类人员对各项教学质量影响因素重要性评价的差异表可见，三类人员对师资重要性评价的均值是4.16，学习资源或机会重要性评价的均值是4.13，院校办学理念、人才培养目标与标准重要性评价的均值是4.11，校园文化及社区重要性评价的均值是4.02，课程教学管理重要性评价的均值都是4.00。各项均值都落在4~5的等级区间之内，即处于重要和非常重要之间。

由于只在学生问卷中为教学质量影响因素之一的学生设计了一系列问题，故只能依据学生对学生因素重要性评价的均值来判定是否关键，由学生对各维度重要性与满意度评分的绩差表可知，学生因素的重要性

评价均值是4.18。同样，只是在教学管理干部问卷中设计了院系在教学质量管理中发挥的积极作用和外部参与学校内部质量管理这两项因素，由教学管理干部对各维度重要性与满意度评分的绩差可知，院系作用因素重要性评价的均值是4.30，外部参与学校内部质量管理因素重要性评价的均值是3.92。以上这三项影响因素虽然不是三类人员共同评价的重要性均值，但至少代表了2232名学生和391名教学管理干部的重要性评价结果，故也具有一定的可信度。学生和院系的重要性评价均值落在4~5的等级区间之内，即处于重要和非常重要之间。而外部参与学校内部质量管理的重要性均值落在3~4的等级区间之内，也即处于一般和重要之间。

从以上分析可得，影响教学质量的关键因素有师资、学生、学习资源或机会、院校办学理念、人才培养目标与标准、校园文化及社区、课程、教学管理和院系的作用。

（二）从学生、教师和教学管理干部对开放式问题的反馈结果总结

### 1. 学生问卷开放式问题调研结果总结

本次调研在学生问卷中设计了一个开放式问题，即"对于影响高职教学质量的因素以及如何保证与提高高职教学质量，你还有什么其他看法和建议？"在回收的所有有效问卷中，有893份问卷对此作了反馈。从反馈结果看，学生关注程度较高的内容主要涉及师资、课程、实践教学、课堂教学以及学生自身因素等方面，总结如下：

（1）师资。主要涉及教师教学水平、对教学工作的精力投入程度、师资队伍结构等。

（2）课程。主要涉及课程设置和更新的依据、关联课程的编排、课时安排等。

（3）实践教学。主要涉及：需加强实践教学，如有待向学生提供更丰富的校内外各项实验和实践教学的机会；教学要注重理论联系实际等。

（4）课堂教学。主要涉及：控制课堂规模，如要更多地采用小班授课；优化教学内容，如避免照本宣科，并及时更新（包括教材），教师的专业视野要开阔；改进教学方法，如要增进师生课堂互动与课外交流、要注重培养学生的学习兴趣；加强课堂考勤等。

（5）办学条件。主要涉及：教室，如要增加自习教室；教学设备，如完善多媒体设备、实验设备；图书馆资源，如专业文献资料的更新和丰富；体育设施要加强建设等。

（6）学生自身因素。主要涉及学生自身的学风、学习态度、学习兴趣、自我约束能力等。

（7）其他重要因素。主要涉及增进师生交流并有效使用学生的反馈信息、加强对学生自主学习能力的培养、关注学生与社会的需求、综合考虑学生评价的形成性与终结性、加强教学质量管理制度的执行力等。

除了以上这些学生反馈比较集中的内容外，还有少数反馈涉及诸如学校定位、人才培养目标、激励与约束机制、行政服务、教学评价及反馈信息的使用、校园文化、学生的全面发展、学生的校际乃至国际交流等方面的内容。相比于教师与教学管理干部问卷中此部分的反馈，学生对于这些方面的认识和所关注的内容，在表达上一般都比较口语化，关注的落脚点也比较细致和贴近现实体验，但很实际。并且，在经过归纳总结后恰恰反映了一些影响教学质量的主要因素。

综上所述，尽管学生没有太多专业化的词汇表述与高度概括，但他们作为教学活动的最终作用点，是教学质量的直接承受者，他们的切身感受尤其需要得到重视。因为他们不是生产线上的产品，也不想被用于教育行政部门的政绩表达。我们需要少一点功利心，多一点爱心和责任心去培养他们。

**2. 教师问卷开放式问题调研结果总结**

本次调研在教师问卷中设计了两个开放式问题，即"为了提高高职教学质量，您所在院校采取了哪些教学改革措施？"和"对于影响高职教学质量的因素以及如何保证与提高教学质量，您还有什么其他看法和建议？"从反馈的结果看，在回收的所有有效问卷中，分别有521份问卷和465份问卷对这两个开放式问题作了反馈。概要情况如下。

从第一个开放式问题的反馈结果分析，一方面，其表现出了显著的特征，即各院校为提高教学质量所采取的措施中，绝大部分均围绕教学质量与教学改革工程（以下简称"质量工程"）展开，内容多为涉及"质量工程"的各类分项，主要包括：①师资队伍建设，如教学团队建设、新教师岗前培训、青年教师观摩教学、教师间的交流学习等；②课程建设，如精品课、双语课建设；③人才培养模式创新；④加强实验和实践教学；⑤教学改革立项。另一方面，各学校也在其他一些方面为此开展了相关工作，主要包括：①完善教学管理制度；②加强日常教学管理；③质量监控体系建设；④加大教学投入；⑤完善教学工作激励机制；⑥完善办学条件（开展多媒体、实验设备、图书馆、体育场方面的建设）；⑦完善学生评价机制；⑧关注社会需求；⑨教学与科研结合。

上述内容在很大程度上反映出，始于2004年的我国高等职业教育领域教学评估既对高职教学的改革和质量产生了实质推动，也在高等职业教学领域起到了一定的质量文化引领作用。但也反映出，学校在教学质量保障建设上的自主发展能力尚且有限，学校自主开发并富有特色、富有成效的项目相对较少，学校开发成功后继而在高教领域推广的则更少。目前而言，学校还是将极大的精力围绕于"质量工程"建设，这与较高水平的质量文化建设或许还有一定的差距，有待各校、各教育工作者进一步探索，进一步增进学校自主发展的能力。从相关主管部门的角度看，在类似"质量工程"的建设中，也需要给予高校更大的自主空间，避免将项目划分得过细，避免项目建设目标短期化，把握一个能够综合反映教学质量保障工作的基点（如专业建设）进行持续建设。让学校从一个项目接着一个项目的申报、报告和验收等繁重的工作中解脱，将更多的精力投入到教学质量保障的研究、创新与实践中。换言之，管理部门应将工作重心置于引导和激发各类院校在自我质量保障工作中的主动性与创造性。

从第二个开放式问题的反馈结果分析，对于高职教学质量影响因素以及如何保证和提高教学质量，教师关注的内容主要集中在以下几个方面：①师资队伍建设。主要涉及教师素质的保证、教学团队建设、教师培训、增进教师对教学工作的重视和精力投入、增进教师在校际间的教学经验交流等。②课程。主要涉及精品课建设、双语课建设、教材建设、课程编排等。③课堂教学。主要涉及课堂规模、教学内容、教学方法、课堂考勤等。④教学工作评价与激励机制。评价主要涉及学生评教、督导组的各类评价等。激励机制主要涉及在职称评定、晋升、工资福利等方面比以往更多地考虑反映教师教学工作方面的绩效指标。⑤办学条件。主要涉及教学设施、图书馆等。⑥学生因素。主要涉及生源质量、学习兴趣、自主学习能力的培养。⑦教学与科研相长。对此在较大程度上还要结合相应的分配与激励机制方面的推进。⑧校园文化。主要涉及教风、学风等。⑨其他重要因素。如明确办学理念与办学定位、学校对高职教学工作的重视程度、增进师生交流并有效使用学生的反馈信息、学生评价机制、教学质量管理制度的易理解性和执行力等。此外，还有部分涉及诸如关注专业与社会需求、校内专业间的资源配置、学校周边环境（即社区环境）等。

**3. 教学管理干部问卷开放式问题调研结果总结**

本次调研在教学管理问卷中设计了两个开放式问题，即"为了提高高职教学质量，您所在院校采取了哪些教学改革措施，成效如何？"和"对于影响高职教学质量的因素以及如何保证与提高教学质量，你还有什么其他看法和建议？"在回收的所有有效问卷中，分别有230份问卷和179份问卷对这两个开放式问题作了反馈。

从第一个问题的反馈结果看，基本与教师问卷反馈内容一致，在此不再赘述。

从第二个问题的反馈结果看，教学管理干部关注程度较高的内容包括：①师资队伍建设。主要涉及教师队伍的素质、教师队伍的结构、教师培训、教师对教学工作的精力投入、教师待遇等。②专业建设与课程建设。专业建设主要涉及合理定位和明确的专业培养目标、考虑专业设置与社会需求、遵循不同专业的教育和教学规律等；课程建设主要涉及课程设置、精品课建设、双语课建设、教材建设等。③实践教学与人才培养模式创新。主要涉及改善实验/实践教学条件、加强实践教学力度、推进实践教学体系建设、加大实践教学投入等。④办学条件。主要涉及教学经费投入、教学设施建设（尤其是西部的院校）等。⑤其他相关因素。如学校定位、学校重视教学的程度及执行力、增加办学自主权、加强教学督导、完善院系间的沟通与协调机制、教学工作激励机制建设与完善、学生学习兴趣的培养、人才培养与社会需求、社会环境影响等。

### 三、提取影响教学质量的关键因子

基于上述问卷调查反馈信息统计分析，这部分将运用因素分析法提取影响教学质量的关键因子。因素分析（Factor Analysis），或称因子分析，是一种建立在众多观测数据基础上的降维处理方法。根据相关性大小将变量进行分组，使同组内变量间的相关性较高，不同组变量间的相关性较低，从而使每组变量能够代表一种基本结构，每一种基本结构表示为一种公共因子。这是一种用少数几个因子描述许多指标或因素之间的联系，以较少几个因子反映原始资料中大部分信息的统计方法。其最主要的目的在于探索隐藏在大量观测资料背后的某种结构，寻求一组变量变化的"共同因子"。

（一）从学生的调研数据中提取影响教学质量的关键因子

在此，为便于因素分析和因子提取，将学生问卷中的71个问项进行初步归类编码：$X_1$院校的办学理念、定位和人才培养目标。$X_2$培养方案与教学计划。$X_3$办学特色。$X_4$师资［教师具备较高的专业素养；教师在教学工作中投入精力的充分性；教师在教学中能够因材施教；教学活动关注互动性；学生在课余时间与老师交流的便捷性；所选用教材（内容）的质量；教师的课堂教学条理清楚、深入浅出，能激发学生的学习兴趣；教学内容融入教师个人或他人的新科研成果；教师能采取有效的方法引导学生课外预习和复习；教师关注对学生学习及研究方法的指导；教学中强调学生学以致用，鼓励创新；教学中注重引导学生思维的深度或广度，注重培养学生解决问题的能力；作业及时反馈，评语详尽，能有效地答疑解惑；教师有效运用多媒体和网络平台进行教学，并切实增进学生的学习效果］。$X_5$学生（学生对所学专业的信心；学生对学校所开设课程的感兴趣程度；学生学习的主动性）。$X_6$课程（课程设置及其结构的合理度；学业负担的合理程度；第二课堂的丰富程度；对作业和考试的评价公平合理；精品课；双语课；小班授课；学术讲座；教师的水平；课程的意义；同学的相互影响）。$X_7$教学管理（课堂考勤制度严格；课堂组织有效、兼顾纪律与氛围；教学管理有序、课程安排科学合理；学生可以顺利选上需要的课程）。$X_8$校园文化与社区（校园文化对教学质量的影响；学风对教学质量的影响；社区环境对教学质量的影响；校园文化活动）。$X_9$学生成长目标（拓展知识面；了解学科前沿；掌握研究方法；增进自学能力；对社会的了解；团队合作能力；道德修养；国际视野；批判与创新精神；实践能力；汉语表达能力；外语表达能力；信息收集能力；信息分析能力；逻辑思维能力；自我反思能力；艺术素养；身体素质）。$X_{10}$教学设施与条件（图书馆学习资源；教学资源网络平台；实验室与实验仪器；运动场与体育设施；网络教学资源的丰富程度及使用便捷性）。$X_{11}$质量保障措施（学生评教；教师自评；领导评教；教学督导制度）。$X_{12}$实践教学与实习（关注实验和实践教学；实践教学；学校提供的实习机会充足；实习基地）。$X_{13}$科研活动。

**1. 提取影响教学质量关键因子的分析过程**

经因素分析的适合度检验可知，KMO=0.960，Bartlett 球形检验达到极其显著的水平，根据 Kaiser 给出的 KMO 度量标准（KMO>0.9，非常适合；0.8<KMO<0.9，适合；0.7<KMO<0.8，一般；0.6<KMO<0.7，不太适合；KMO<0.5，极不适合），说明原变量之间具有明显的结构性和相关关系，适合进行因素分析，如表3-9所示。

经方差分析显示，变量的共同度除两项以外，其他变量的共同度均大于0.651，说明因素分析效果会较好，具体可见表3-10。通常而言，作为公共因子的变量，其特征值应大于1。经主成分分析，前两个因子解的特征值均大于1（见表3-11），其中，第1个因子解的特征值为8.416，是方差贡献最大的一个主成分，所以可确定为第一主成分。而从第3个因子解开始，特征值均小于1，因此，提取前两个因子解作为公共因子。系统分析显示两项公共因子的特征值累计贡献率达到72.515%，即反映出前两个因子可以解释所有变量变异信息总量中的72.515%。由此，可只提取前两个特征值所对应的特征向量代表样本进行分析，即可将初始13个变量综合为两个因子。同时，从第3个因子开始曲线就趋于平缓，反映出第3个因子以后的各因子的方差贡献变得都很小，甚至可以忽略。因此，碎石图也直观地显示了提取前两项公共因子的有效性。采取方差极大化方法进行因子正交旋转，实现因子载荷的两极分化，从而得到更为有效的新的因子模型。在此，因子载荷按大到小的降序排列，凡是小于0.50的载荷均不显示，旋转后得到的因子载荷矩阵，见表3-12。

表3-9　因素分析适合度检验结果表

| | | |
|---|---|---|
| Kaiser–Meyer–Olkin Measure of Sampling Adequacy. | | 0.960 |
| Bartlett，s Test of Sphericity | Approx. Chi–Square | 1.823E4 |
| | df | 0.78 |
| | Sig. | 000 |

表3-10 变量的共同度表

| 原变量名 | Initial | Extraction | 原变量名 | Initial | Extraction |
|---|---|---|---|---|---|
| $X_1$ | 1.000 | 0.738 | $X_8$ | 1.000 | 0.730 |
| $X_2$ | 1.000 | 0.758 | $X_9$ | 1.000 | 0.786 |
| $X_3$ | 1.000 | 0.651 | $X_{10}$ | 1.000 | 0.754 |
| $X_4$ | 1.000 | 0.822 | $X_{11}$ | 1.000 | 0.566 |
| $X_5$ | 1.000 | 0.727 | $X_{12}$ | 1.000 | 0.776 |
| $X_6$ | 1.000 | 0.879 | $X_{13}$ | 1.000 | 0.568 |
| $X_7$ | 1.000 | 0.672 | — | — | — |

表3-11 总方差分解表

| 成分 | 初始特征值 总和 | 方差占比（%） | 累计占比（%） | 平方和载荷量萃取 总和 | 方差占比（%） | 累计占比（%） | 转轴平方和载荷量 总和 | 方差占比（%） | 累计占比（%） |
|---|---|---|---|---|---|---|---|---|---|
| 1 | 8.416 | 64.742 | 64.742 | 8.416 | 64.742 | 64.742 | 5.707 | 43.901 | 43.901 |
| 2 | 1.010 | 7.773 | 72.515 | 1.010 | 7.773 | 72.515 | 3.720 | 28.614 | 72.515 |
| 3 | 0.612 | 4.705 | 77.220 | | | | | | |
| 4 | 0.542 | 4.171 | 81.392 | | | | | | |
| 5 | 0.460 | 3.536 | 84.928 | | | | | | |
| 6 | 0.405 | 3.113 | 88.041 | | | | | | |
| 7 | 0.309 | 2.375 | 90.416 | | | | | | |
| 8 | 0.279 | 2.147 | 92.563 | | | | | | |
| 9 | 0.248 | 1.906 | 94.468 | | | | | | |
| 10 | 0.223 | 1.718 | 96.186 | | | | | | |
| 11 | 0.215 | 1.656 | 97.841 | | | | | | |
| 12 | 0.155 | 1.193 | 99.034 | | | | | | |
| 13 | 0.126 | 0.966 | 100.000 | | | | | | |

表3-12 旋转后的因子载荷矩阵

| 原变量 | 因子 | |
|---|---|---|
| | 教学质量公共因子Ⅰ | 教学质量公共因子Ⅱ |
| $X_{11}$ | 0.837 | |

续 表

| 原变量 | 因子 | |
|---|---|---|
| | 教学质量公共因子Ⅰ | 教学质量公共因子Ⅱ |
| $X_6$ | 0.836 | |
| $X_9$ | 0.791 | |
| $X_{12}$ | 0.763 | |
| $x_{13}$ | 0.738 | |
| $X_{11}$ | 0.715 | |
| $X_8$ | 0.707 | |
| $X_5$ | 0.678 | 0.516 |
| $X_4$ | 0.668 | 0.613 |
| $X_7$ | 0.637 | 0.516 |
| $X_1$ | | 0.828 |
| $X_2$ | | 0.819 |
| $X_3$ | | 0.747 |

## 2. 提取结论

表3-12明确显示了原变量与因子的对应关系，在此基础上进一步根据不同的因子对原变量进行分类，再现原始变量与公共因子之间的相互关系，并根据归类变量的具体含义对公共因子进行命名，具体参见表3-13。

表3-13 公共因子表

| 公共因子 | 高载荷因素 | 命名 |
|---|---|---|
| 教学质量公共因子Ⅰ | $X_{10}$：教学设施与条件<br>$X_6$：课程<br>$X_9$：学生成长目标<br>$X_{12}$：实践教学与实习<br>$X_{13}$：科研活动<br>$X_{11}$：质量保障措施<br>$X_8$：校园文化与社区 | 学习资源因子 |

73

续 表

| 公共因子 | 高载荷因素 | 命名 |
|---|---|---|
| 教学质量公共因子Ⅱ | $X_1$：院校的办学理念、定位和人才培养目标<br>$X_2$：培养方案和教学计划<br>$X_3$：办学特色 | 院校愿景因子 |

如果想对某一个体或某一群体在某种因子上的能力水平作一比较（即比较某一个体或某一群体在某种因子上的水平差异），我们可以采用多元线性回归分析法求得因子分（表3-14），进而通过对其因子分进行比较即可。我们也可将因素分析的基本公式（$X = A \cdot F + \varepsilon$，公式中$A \cdot F$表示公共因子的部分，$\varepsilon$表示误差部分，对误差部分的影响进行充分控制后，可以忽略误差部分，即$X = A \cdot F$）视为一个多元回归方程，因子分相当于其中的回归系数。

表3-14　因子分计算系数矩阵表

| 变量 | 因子 ||
|---|---|---|
|  | 教学质量公共因子Ⅰ | 教学质量公共因子Ⅱ |
| $X_1$ | −0.248 | 0.461 |
| $X_2$ | −0.215 | 0.426 |
| $X_3$ | −0.179 | 0.373 |
| $X_4$ | 0.035 | 0.131 |
| $X_5$ | 0.080 | 0.062 |
| $X_6$ | 0.188 | −0.067 |
| $X_7$ | 0.062 | 0.079 |
| $X_8$ | 0.108 | 0.025 |
| $X_9$ | 0.178 | −0.062 |
| $X_{10}$ | 0.269 | −0.196 |
| $X_{11}$ | 0.214 | −0.142 |
| $X_{12}$ | 0.149 | −0.024 |
| $X_{13}$ | 0.259 | −0.208 |

至此，为更加清楚地反映变量与因子的相关关系，可以将两个公共

因子用回归方程的形式表达如下。

学习资源因子 =–0.248× 院校的办学理念、定位和人才培养目标 –0.215× 培养方案和教学计划 –0.179× 办学特色 +0.035× 师资 +0.080× 学生 +0.188× 课程 +0.062× 教学管理 +0.108× 校园文化、社区 +0.178× 学生成长目标 +0.269× 教学设施与条件 +0.214× 质量保障措施 +0.149× 实践教学与实习 +0.259× 科研活动（方程式3-1）

院校愿景因子 =0.461× 院校的办学理念、定位和人才培养目标 +0.426× 培养方案和教学计划 +0.373× 办学特色 +0.131× 师资 +0.062× 学生 –0.067× 课程 +0.079× 教学管理 +0.025× 校园文化、社区 –0.062× 学生成长目标 –0.196× 教学设施与条件 –0.142× 质量保障措施 –0.024× 实践教学与实习 –0.208× 科研活动（方程式3-2）

（二）从教师的调研数据中提取影响教学质量的关键因子

同理，为了便于因素分析和因子提取，将教师问卷中的55个问项进行初步归类编码：$X_1$院校的办学理念、定位和人才培养目标。$X_2$培养方案和教学计划。$X_3$办学特色。$X_4$师资［教师具备较高的专业素养；教师教学工作精力投入充分；教师在教学中能够因材施教；教师关心学生的学习进步；教学活动关注互动性；师生课外互动交流便捷；所选用教材（内容）的质量；课堂教学条理清楚、深入浅出，能激发学生的学习兴趣；教学内容融入教师个人或他人的新科研成果；教师能采取有效的方法引导学生课外预习和复习；教师关注对学生学习及研究方法的指导；教学中强调学生学以致用，鼓励创新；教学中注重引导学生思维的深度或广度，注重培养学生解决问题的能力；作业反馈及时，评语详尽，能为学生答疑解惑；学校关注教学团队建设；教师的定期培训、国内外研修；院校有单独或合作的教师培训基地/机构；新教师岗前培训、教师在职培训］。$X_5$课程（课程设置及其结构的合理度；对成绩等评价的方法和标准事先有明确的规定；对作业和考试的评价公平合理；精品课；双语课；小班授课；学术讲座）。$X_6$教学管理（课堂组织有效，兼顾纪律与氛围；教学管理有序，课程安排科学合理；教师开新课或新开课的审核制度；教学管理注重以人为本，质量意识强）。$X_7$校园文化、社区（校园文化对教学质量的影响；学风对教学质量的影响；社区环境对教学质量的影响；校园文化活动）。$X_8$教学设施与条件（图书馆学习资源；教学资源网络平台；实验室、实验仪器；运动场、体育设施；学校提供并鼓励教师有效运用多媒体和网络平台进行教学）。$X_9$质量保障措施（学校教学质量管理体系的建设与完善；各类校外检查与评估对促进教学质量的作用；学生评教；教师自评；领导评教；教学督导制度）。$X_{10}$实践教学与实习（学校重视实验和实践教学；第二课堂的丰富程度；学生参与实践教学与科研活动的机会；实践教学；学校提供给学生的实习机会充足；实习基地）；科研活动。

从教师问卷提取影响教学质量关键因子的分析过程与上述学生问卷部分同理，最终从教师问卷中提出一个公共因子，见表3-15。

表3-15 公共因子表

| 公共因子 | 高载荷因素 | 命名 |
| --- | --- | --- |
| 教学质量公共因子Ⅲ | $X_4$：师资 | 教学资源因子 |
|  | $X_{10}$：实践教学与实习 |  |
|  | $X_5$：课程 |  |
|  | $X_8$：教学设施与条件 |  |
|  | $X_6$：教学管理 |  |
|  | $X_7$：校园文化、社区 |  |

将公共因子用回归方程的形式表达如下。

教学资源因子 =0.099× 院校的办学理念、定位和人才培养目标 +0.097× 培养方案和教学计划 +0.100× 办学特色 +0.117× 师资 +0.114× 课程 +0.109× 教学管理 +0.108× 校园文化、社区 +0.110× 教学设施与条件 +0.095× 质量保障措施 +0.116× 实践教学与实习 +0.095× 科研活动（方程式3-3）

## （三）从教学管理干部的调研数据中提取影响教学质量的关键因子

同样，为了便于因素分析和因子提取，将教学管理干部问卷中的27个问项进行初步归类编码：$X_1$院校的办学理念、定位和人才培养目标。$X_2$专业设置和教学计划。$X_3$办学特色。$X_4$院校领导的重视程度。$X_5$教学管理。$X_6$教师在教学质量管理中的作用。$X_7$教学质量管理体系。$X_8$院系在教学质量管理中的作用。$X_9$外部评估。$X_{10}$外部对教学质量的反馈及反馈信息的使用。$X_{11}$课程（精品课；双语课；小班授课；学术讲座）。$X_{12}$教学设施和条件（图书馆学习资源；教学资源网络平台；实验室、实验仪器；运动场、体育设施）。$X_{13}$质量保障措施（学生评教；教师自评；领导评教；教学督导制度）。$X_{14}$教师培训。$X_{15}$实践教学与实习（实践教学；实习基地）。$X_{16}$科研活动。$X_{17}$校园文化、社区。

同理，经分析从教学管理干部问卷中提取出两个公共因子，见表3-16。

表3-16　公共因子表

| 公共因子 | 高载荷因素 | 命名 |
| --- | --- | --- |
| 教学质量公共因子Ⅳ | $X_6$：教师在教学质量管理中的作用<br>$X_4$：院校领导的重视程度<br>$X_1$：院校的办学理念、定位和人才培养目标<br>$X_2$：专业设置和教学计划<br>$X_8$：院系在教学质量管理中的作用<br>$X_7$：教学质量管理体系<br>$X_3$：办学特色<br>$X_5$：教学管理 | 质量管理因子 |
| 教学质量公共因子Ⅴ | $X_{17}$：校园文化、社区<br>$X_{11}$：课程<br>$X_{12}$：教学设施和条件<br>$X_{13}$：质量保障措施 | 质量保障因子 |

可将两个公共因子用回归方程的形式表达如下：

质量管理因子 =0.209× 院校的办学理念、定位和人才培养目标 +0.196× 专业设置和教学计划 +0.177× 办学特色 +0.204× 院校领导的重视程度 +0.144× 教学管理 +0.197× 教师在教学质量管理中的作用 +0.172× 教学质量管理体系 +0.187× 院系在教学质量管理中的作用 −0.124× 外部评估 +0.055× 外部对教学质量的反馈及反馈信息的使用 −0.145× 课程 −0.054× 教学设施和条件 −0.115× 质量保障措施 −0.047× 教师培训 +0.031× 实践教学与实习 −0.069× 科研活动 −0.195× 校园文化、社区（方程式3-4）

质量保障因子 =−0.129× 院校的办学理念、定位和人才培养目标 −0.111× 专业设置和教学计划 −0.088× 办学特色 −0.120× 院校领导的重视程度 −0.047× 教学管理 −0.110× 教师在教学质量管理中的作用 −0.078× 教学质量管理体系 −0.101× 院系在教学质量管理中的作用 +0.235× 外部评估 +0.040× 外部对教学质量的反馈及反馈信息的使用 +0.284× 课程 +0.194× 教学设施和条件 +0.42× 质量保障措施 +0.168× 教师培训 +0.094× 实践教学与实习 +0.196× 科研活动 +0.333× 校园文化、社区（方程式3-5）

## 第三节　调研结论与建议

在本次调研中，通过对教学质量影响因素的双维度（重要性和满意度）统计分析，得出了27项主要结论，主要涉及影响教学质量的关键因素；各地区、各类院校及三类人员对于各项教学质量影响因素重要性和满意度的认识水平及差异度；影响教学的五项"公共因子"的总结等。并且，基于各项影响因素两个维度间的绩差分析，针对当前我国高职院校教学质量保障工作中面临的"挑战型因素"，提出了若干建议。

## 一、调研结论

### （一）基于重要性分析的结论

（1）影响教学质量的关键因素主要包括师资、学生、学习资源或机会、院校办学理念、人才培养目标与标准、校园文化及社区、课程、教学管理及院系的作用。

三类人员对师资的重要性评价均值为4.16，对于学习资源或机会的重要性评价均值为4.13，对于院校办学理念、人才培养目标与标准的重要性评价均值为4.11，对于校园文化及社区重要性的评价均值为4.02，对于课程和教学管理的重要性评价均值都是4.00。上述各项因素的重要性评价均值都落在4~5的等级区间之内，换言之，即处于重要和非常重要之间。

另外，鉴于教学质量影响因素之一的学生因素的相关调研问题主要体现在学生问卷中，故根据学生对该项因素的重要性评价均值判定其关键性。从2232名学生反馈的结果显示，他们对学生因素的重要性评价均值为4.18，即处于重要和非常重要之间。同样，关于院系在教学质量管理中发挥的积极作用，一项调研问题主要体现在教学管理干部问卷中，最终391名教学管理干部对该项因素的重要性评价均值为4.30，即处于重要和非常重要之间。以上这两项影响因素虽然不是三类人员共同的重要性评价均值，但至少代表了2232名学生和391名教学管理干部相应的重要性评价结果，具有一定可信度。因此，本调研认为学生因素和院系的作用因素均处于重要和非常重要之间。

同时，各项因素的因子载荷也能证明这一结论。从学生问卷调查结果中提取的公共因子看，师资因素的因子载荷为0.668，学生因素的因子载荷为0.678，学习资源因素的因子载荷为0.837，院校的办学理念、人才培养目标与标准因素的因子载荷为0.828，校园文化与社区因素的因子载荷为0.707，课程因素的因子载荷为0.836，教学管理因素的因子载荷为0.637。从教师问卷调查结果中提取的公共因子看，师资因素的因子载荷为0.955，教学辅助资源因素的因子载荷为0.893，院校的办学理念、人才培养目标与标准因素的因子载荷为0.804，校园文化与社区因素的因子载荷为0.880，课程因素的因子载荷为0.930，教学管理因素的因子载荷为0.885。从教学管理干部问卷调查结果中提取的公共因子看，师资因素的因子载荷为0.813，教学设施与条件因素的因子载荷为0.732，院校的办学理念、人才培养目标与标准因素的因子载荷为0.807，校园文化与社区因素的因子载荷为0.797，课程因素的因子载荷为0.779，教学管理因素的因子载荷为0.785，院系作用因素的因子载荷为0.789。因子载荷反映了变量在公共因子上的相对重要性，上述主要因素的因子载荷均很高，说明它们对于教学质量的总体保障存有很大的影响力。

（2）不同类型院校的学生和教师在对各项影响教学质量关键因素的重要性评价上存在某些显著差异和趋同性，而不同类型院校的教学管理干部对于各项关键因素重要性的评价并无显著差异。

第一，不同类型院校的学生对于院校的办学理念、人才培养目标与标准方面重要性的认识存在很大的差异。

第二，不同类型院校的教师在对各项影响教学质量关键因素的重要性评价上均存在显著差异。

第三，不同类型院校的教学管理干部对各项关键因素重要性的评价并未显示很大的差异。有一个共同的趋势，即新建院校教学管理干部对各项影响教学质量关键因素的重要性评分最高。

（3）不同地区的学生和教师对于各项关键因素的重要性评价显著差异性和趋同性并存；而不同地区的教学管理干部除了在院校的办学理念、人才培养目标与标准因素方面重要性评价上存在显著差异外，其他各主要因素的重要性评价上并未存在很大的差异。

第一，不同地区的学生在院校的办学理念、人才培养目标与标准、课程、教学管理和校园文化与社区方面的认识程度存在很大差异，比如，对于课程因素的重要性评价，东部地区学生的评分（重要性均值为4.08）高于中部和西部地区学生的评分（重要性均值分别为4.01和3.95）。而对于学生因素和学习资源与机会因素的重要性评分，东部和中部地区的学生重要性均值趋同。除了在院校的办学理念、人才培养目标与标准因素重要性评分上中部地区学生的评分最高外，其余各项因素（师资、课程、教学管理、校园文化与社区）重要性评分均为东部地区学生的评分最高。对于影响教学质量7个维度关键因素的评价，西部地区学生的评分均为最低。

第二，不同地区的教师在对影响教学质量6个维度关键因素的重要性评价上都存有很大差异，比如，对于师资因素的重要性评价，中部地区教师对此的评分（重要性均值为4.26）高于东部和西部地区教师的评分（重要性均值分别为4.20和4.03）。对于各项教学质量关键因素的重要性评价，中部地区教师的评分均为最高，西部地区教师的评分均为最低。

第三，不同地区的教学管理干部除了在院校的办学理念、人才培养目标与标准因素方面重要性的评价上存在显著差异外，对于其他各主要因素的重要性评价并无很大差异。对于院校办学理念、人才培养目标与标准因素重要性的评价，中部地区教学管理干部的评分最高（重要性均值为5.41），东部地区教学管理干部的评分次之（重要性均值为4.38），西部地区教学管理干部的评分为4.12。有一个共同的趋势，即除了对维度6（为学生提供的学习资源或机会）的重要性认识方面，东部地区教学管理干部的评价最高以外，其余各维度的重要性认识，均表现出中部地区教学管理干部的评价最高，东部地区教学管理干部次之，西部地区教学管理干部最低。

（4）不同年级的学生对于师资、学生、课程、学习资源与机会方面的重要性认识程度存在显著差异。三年级的学生对各维度重要性的评分普遍高于四年级的学生。

（5）不同职称教师对各维度的重要性评分并无显著差异。不同学历教师对各维度的重要性评分存在显著差异，硕士学历的教师最高，其后分别是博士学历和本科学历的教师。不同专业领域教师对各维度的重要性评分除了在维度3（课程）和维度4（教学管理）方面存在显著差异外，其他维度并无显著差异。

（6）三类人员对各项教学质量影响因素的重要性评价，除了在学习资源或机会、校园文化与社区两个分项上没有显著性差异以外，其他四个分项均存在显著性差异。经比较可得，在各项因素中，学生认为最重要的分项是师资和学习资源或机会，最不重要的分项是教学管理；教师认为最重要的分项是师资，最不重要的分项是教学管理；教学管理干部认为最重要的分项是院校的办学理念、人才培养目标与标准，最不重要的是课程。学生与教师的观点呈现出一致性。

（7）在各项教学质量保障措施中，从学生问卷的反馈看，首先各类院校的学生基本认为教学督导制度对保证和促进教学质量最为重要，其重要性总体均值达到4.08，其次是学生评教（重要性均值为3.98），最后是教师自评（重要性均值为3.87）。各个院校的教学管理干部均认为领导评教最不重要，教师自评次之。结果显示，学生、教师和教学管理干部都认为领导评教最不重要。

（8）在课程方面，学生认为精品课（重要性均值为4.05）和双语课（重要性均值为4.04）比小班授课（重要性均值为3.96）重要。教师和教学管理干部认为小班授课（重要性均值分别为4.13和4.15）比精品课（重要性均值分别为4.08和4.11）重要，精品课比双语课（重要性均值分别为3.74和3.59）重要。学生选课依据的调查结果所作分析表明，学生认为选课依据中教师水平（重要性均值为4.33）最为重要，其次分别是课程的意义（重要性均值为4.28）和学习兴趣。

（9）在列举的各项学习资源或机会项目中，学生认为运动场和体育设施最重要（重要性均值为4.32），其次是教学资源网络平台（重要性均值为4.31）和实践教学（重要性均值为4.25），学术讲座的重要性相对最低

(重要性均值为3.80)。教师认为实践教学和图书馆学习资源最重要(重要性均值均为4.37),其次是实验室、实验仪器(重要性均值为4.30)和教学资源网络平台(重要性均值为4.27),校园文化活动的重要性相对最低(重要性均值为3.96)。教学管理干部认为图书馆学习资源最重要(重要性均值均为4.43),其次是实践教学(重要性均值为4.42)和实验室、实验仪器(重要性均值为4.40),校园文化活动的重要性相对最低(重要性均值为4.00)。教师和教学管理干部对各项学习资源或机会的重要性认识上呈现出明显的一致性。

(10)从各项成长目标重要性的总体调查结果看,学生普遍认为实践能力最重要,其次是自学能力和道德修养,艺术素养的重要性相对最低。当然,在各类院校间,学生的看法也表现出一些共性和差异性:学生均认为实践能力最重要,重要性均值分别达到4.37、4.33和4.37;985高校学生认为拓展知识面最为重要(重要性均值为4.41);四类院校的学生都一致认为艺术素养的重要性相对最低。

(11)基于对三类问卷(学生、教师和教学管理干部)调研结果的统计分析,最终提取出五个影响教学质量的关键因子(公共因子),详见表3-17。

表3-17 公共因子表

| 公共因子 | 高载荷因素 | 命名 |
| --- | --- | --- |
| 教学质量公共因子Ⅰ | $X_1$:院校的办学理念、定位和人才培养目标<br>$X_2$:培养方案和教学计划<br>$X_3$:办学特色 | 院校愿景因子 |
| 教学质量公共因子Ⅱ | $X_{10}$:教学设施与条件<br>$X_6$:课程<br>$X_9$:学生成长目标<br>$X_{12}$:实践教学与实习<br>$X_{13}$:科研活动<br>$X_{11}$:质量保障措施<br>$X_8$:校园文化与社区 | 学习资源因子 |

续　表

| 公共因子 | 高载荷因素 | 命名 |
| --- | --- | --- |
| 教学质量公共因子Ⅲ | $X_4$：师资<br>$X_{10}$：实践教学与实习<br>$X_5$：课程<br>$X_8$：教学设施与条件<br>$X_6$：教学管理<br>$X_7$：校园文化、社区 | 教学资源因子 |
| 教学质量公共因子Ⅳ | $X_6$：教师在教学质量管理中的作用<br>$X_4$：院校领导的重视程度<br>$X_1$：院校的办学理念、定位和人才培养目标<br>$X_2$：专业和教学制<br>$X_8$：院系在教学质量管理中的作用<br>$X_7$：教学质量管理体系<br>$X_3$：办学特色<br>$X_5$：教学管理 | 质量管理因子 |
| 教学质量公共因子Ⅴ | $X_{17}$：校园文化、社区<br>$X_{11}$：课程<br>$X_{12}$：教学设施和条件<br>$X_{13}$：质量保障措施 | 质量保障因子 |

以上公共因子具体用回归方程的形式表达如下。

院校愿景因子 =0.461× 院校的办学理念、定位和人才培养目标 +0.426× 培养方案和教学计划 +0.373× 办学特色 +0.131× 师资 +0.062× 学生 -0.067× 课程 +0.079× 教学管理 +0.025× 校园文化、社区 -0.062× 学生成长目标 -0.196× 教学设施与条件 -0.142× 质量保障措施 -0.024× 实践教学与实习 -0.208× 科研活动（方程式 3-6）

学习资源因子 =-0.248× 院校的办学理念、定位和人才培养目标 -0.215× 培养方案和教学计划 -0.179× 办学特色 +0.035× 师资 +0.080× 学生 +0.188× 课程 +0.062× 教学管理 +0.108× 校园文化、社区 +0.178× 学生成长目标 +0.269× 教学设施与条件 +0.214× 质量保障

措施+0.149×实践教学与实习+0.259×科研活动（方程式3-7）

教学资源因子=0.099×院校的办学理念、定位和人才培养目标+0.097×培养方案和教学计划+0.100×办学特色+0.117×师资+0.114×课程+0.109×教学管理+0.108×校园文化、社区+0.110×教学设施与条件+0.095×质量保障措施+0.116×实践教学与实习+0.095×科研活动（方程式3-8）

质量管理因子=0.209×院校的办学理念、定位和人才培养目标+0.196×专业设置和教学计划+0.177×办学特色+0.204×院校领导的重视程度+0.144×教学管理+0.197×教师在教学质量管理中的作用+0.172×教学质量管理体系+0.187×院系在教学质量管理中的作用−0.124×外部评估+0.055×外部对教学质量的反馈及反馈信息的使用−0.145×课程−0.054×教学设施和条件−0.115×质量保障措施−0.047×教师培训+0.031×实践教学与实习−0.069×科研活动−0.195×校园文化、社区（方程式3-9）

质量保障因子=−0.129×院校的办学理念、定位和人才培养目标−0.111×专业设置和教学计划−0.088×办学特色−0.120×院校领导的重视程度−0.047×教学管理−0.110×教师在教学质量管理中的作用−0.078×教学质量管理体系−0.101×院系在教学质量管理中的作用+0.235×外部评估+0.040×外部对教学质量的反馈及反馈信息的使用+0.284×课程+0.194×教学设施和条件+0.242×质量保障措施+0.168×教师培训+0.094×实践教学与实习+0.196×科研活动+0.333×校园文化、社区（方程式3-10）

（二）基于满意度分析的结论

（1）三类调查对象对高职教学质量的总体满意度处于中上水平。调研统计显示，学生、教师和教学管理干部对高职教学质量的总体满意度均值都高于3.0分的理论中值，分别为3.32、3.49和3.53，即总体满意度处于中等或中上水平。但存在一定差异，即教学管理干部的评价高于教师，教师的评价又高于学生。

（2）学生对教学质量影响因素的满意程度，降序排列依次为：校园文化与社区（平均值为3.40）；院校的办学理念、人才培养目标与标准（平均值为3.34）；师资（平均值为3.32）；学生（平均值为3.31）；学习资源与机会（平均值为3.30）；教学管理（平均值为3.28）；课程（平均值为3.25）。

（3）各项影响教学质量因素的满意度与总体满意间均呈现出显著相关性。其中，相关系数最大的是维度1（院校办学理念、人才培养目标与标准），说明学生对院校的办学理念、人才培养目标与标准的满意度，将在很大程度上影响学生对院校教学质量的总体满意度。其次分别是维度2（师资）、维度4（课程）。

（4）不同类型院校的学生在教学质量总体满意度方面差异不显著。不同院校学生对师资、学生、课程、学习资源与机会、教学管理和校园文化与社区方面的满意度存在很大差异。

（5）不同地区学生对于教学质量的总体满意度存在显著差异。学生学校所在地区越偏向西部其满意度越低；不同地区的学生对院校办学理念、人才培养目标与标准、师资、学生、课程、学习资源与机会、教学管理以及校园文化与社区等7个维度的满意度，均存在很大差异。

（6）教师对影响教学质量因素的满意程度，降序排列依次为：院校的办学理念；人才培养目标与标准（满意度均值为3.57）；教学管理（满意度均值为3.56）；教学辅助资源（满意度均值为3.53）；师资（满意度均值为3.49）；校园文化与社区（满意度均值为3.48）；课程（满意度均值为2.21）。

（7）各类院校教师对教学质量的总体满意度存在显著差异。各类院校教师的满意度可降序排列为：985高校；新建院校；211高校；一般院校。各类院校的教师在院校的办学理念、人才培养目标与标准、师资、教学辅助资源和校园文化与社区等方面的满意度存在很大差异。

（8）不同学历的教师对教学质量的总体满意度存在显著差异。他们对于各维度满意度的评分同样存在显著差异，并且教师对各维度的满意度评价与其学历趋于正向变动，教师的学历越高满意度越高；教师的专业技术职称与满意度趋于正向变动，专业技术职称越高对教学质量满意度越高；不同专业领域教师对教学质量总体满意度的评分没有显著性差异，但在其中两个维度上（维度4：教学管理和维度6：校园文化与社区）的满意度还是存在显著差异；教师年龄与满意度趋于逆向变动，即越年长的教师对教学质量的满意度相对越低。

（9）不同地区教师对教学质量总体满意度存在显著性差异，教师学校所在地区越偏向西部其满意度越低。不同地区的教师对6个维度的满意程度上均存在很大差异。对于院校的办学理念、人才培养目标与标准、师资和课程的满意度，东部地区教师的评价最高，西部地区教师的评价最低；对于教学管理和教学辅助资源的满意度，东部地区教师的评价最高，中部地区教师的评价最低；对于校园文化与社区的满意度，中部地区教师的评价最高，西部地区教师的评价最低。这说明西部地区的教师对于院校的办学理念、人才培养目标与标准、师资、课程和校园文化与社区等方面的满意度相对较低，中部地区教师对院校的教学管理和教学辅助资源等方面的满意度相对较低。

（10）教学管理干部对各项教学质量影响因素的满意度，降序排列依次为：院系的作用（满意度均值达3.57）；教学管理（满意度均值达3.54）、院校的办学理念；人才培养目标与标准（满意度均值达3.53）；教师的作用；外部参与学校内部质量管理和为学生提供的学习资源或机会（包括课程）（满意度均值为3.42）。各项教学质量影响因素的满意度与总体满意度之间存在呈相关关系。

（11）不同地区院校的教学管理干部对教学质量的总体满意度存在显著差异。中部地区教学管理干部的总体满意度最高，西部地区教学管理干部的总体满意度最低。各地区间的教学管理干部对于各维度的满意度，除了在维度5（外部参与学校内部质量管理）未呈现显著差异外，其他维度均存在显著差异。

（12）教学管理干部的年龄不影响对教学质量总体的满意度评价；教学管理干部的职务与其满意度趋于正向变动，总体上，越是直接负责组织落实教学质量工作的人员，其满意度越低；女性教学管理干部对教学质量总体满意度要高于男性教学管理干部。

（13）三类人员对各项教学质量影响因素满意度的评价中，学生最满意的分项为教学管理，最不满意的分项是课程；教师最满意的分项是院校的办学理念、人才培养目标与标准，最不满意的分项是给学生提供的学习资源或机会；教学管理干部最满意的分项是院校的办学理念、人才培养目标与标准和教学管理，最不满意的分项是课程。教学管理干部最满意的分项与学生和教师一致，最不满意的分项与学生一致。

## 二、建议

统计显示，在三类调查问卷中，除了教师对于课程相关因素的重要性和满意度的绩差均值达1.94（属于大绩差）和在教学管理方面的绩差均值为0.45（属于小绩差），教学管理干部在外部参与学校内部质量管理方面绩差得分为0.45（属于小绩差）以外，其他各项影响因素重要性与满意度的绩差均落在0.5~1.5这一区间，反映出院校基本上满足了学生、教师和教学管理干部的一般需求。

为了更直观地展现院校需要重点完善的内容，本书通过运用"优先行动矩阵"（Matrix for Prioritizing Actbn）工具，将调查结果分析数据概念化，划分出一些"高重要性—低满意度"的主要因素，在此称为挑战型因素。所谓挑战型因素，即那些师生和教学管理干部认为非常重要或寄予很高的期望，而院校没能使这些期望得到很好满足的因素。这些因素应该是相关院校亟待改进和完善的方面。从本次调研数据的绩差分析看，目前我国院校在教学质量保障方面面临的挑战型因素主要涉及办学理念、人才培养目标和标准的明确；师资队伍建设与教师专业发展；课程建设；学生学习资源与机会；教学管理水平；学生实践能力与创新精神的培养；校园文化及学校—社区关系的培育等几个方面，并据此提出以下几点针对性的建议。

（1）院校应该进一步明确办学理念、人才培养目标与标准。调研统计显示，对于学校的办学理念、人才培养目标与标准，学生的评价绩差均值为0.60，教师的评价绩差均值为0.57，教学管理干部的评价绩差均值达0.72。说明院校应该进一步明确自身的办学理念和办学特色、确定适合自身发展的人才培养目标并制定切实可行的人才培养方案。

（2）院校需进一步加强师资队伍建设，提供给教师更多的培训和进修机会，建立良好的教师专业发展机制，从而通过教师教学水平的提高，保证和促进教学质量的提高。

调研统计显示，在师资方面，学生的评价绩差均值达0.77，反映出学生对教师教学水平的评价与期望之间存在较大差异。与此同时，学生选课依据的调查结果也表明，学生认为最重要的选课依据是教师的水平，其次是课程的意义和学习兴趣。

教师对此的评价绩差均值为0.66。同时，各项选课依据重要性与满意度的绩差反映出，总体上，四类院校教师的教学水平与学生的期望之间存在较大的差异（绩差分均值达到0.91），特别是新建院校的绩差分最大（绩差分均值达到了0.97）。另外，在列举的几项教学质量保障措施中，教师评价绩差最大的是新教师岗前培训和教师在职培训（绩差均值达0.66）。

教学管理干部对此的评价绩差均值达0.70。教学管理干部认为新教师岗前培训和教师在职培训对提高教学质量很重要，但是满意度却不高，绩差分最大达到0.85。

可见，院校需进一步加强师资队伍建设，在保证教师数量满足教学规模发展需要的同时，应通过多种途径激励教师对教学工作的投入，并进一步提高教师的教学水平，以更好地满足教学工作保质保量的需要。

（3）院校应该进一步提高课程教学质量，加强精品课程建设，为小班授课创造更多的机会，增进双语课的实施效果。教师对课程的评价绩差均值达1.94（大于1.5），属于超标绩差，这说明院校在课程方面与教师的期望相差甚远。在精品课、双语课和小班授课三项中，绩差最大的是小班授课（绩差均值达0.78），其次是精品课。学生对课程的评价绩差为0.76。四类院校学生的评价呈现出高度一致性，绩差分最小的是精品课，绩差分最大的则是双语课，说明院校在双语课方面还需要加强建设，与师生、专家一同诊断问题所在，提高双语课的实施效果。教学管理干部对精品课和小班授课的评价绩差均值都为0.84，对于双语课的评价绩差均值为0.52，反映出院校应进一步加强精品课建设，并且尽可能多地开设小班授课。

（4）院校应在学生学习资源或机会方面提供更多的支持，同时关注各项资源的有效利用。调研结果显示，学生、教师和教学管理干部评价绩差最大的分项均为学习资源或机会。学生在这一总维度上的评价绩差均值到达了0.81，在各项学习资源或机会中，绩差分最大的项目是实践教学（绩差分均值达到1.10），其次是运动场、体育设施（绩差分均值达到1.05）和校园文化活动（绩差分均值达到0.93）。教师对教学辅助资源的评价绩差均值为0.58，在列举的各项学习资源或机会项目中，教师评价绩差最大的是教学资源网络平台和学术讲座（绩差均值都为0.88），其次是实践教学、图书馆学习资源、实验室、实验仪器和实习基地。教学管理干部对学习资源与机会的评价绩差均值达0.74，在所有学习资源或机会项目中，教学管理干部评价绩差最大的一项为实验室、实验仪器（绩差为0.90），其次是运动场、体育设施（绩差为0.88）。其他绩差较大的项目是：教学资源网络平台（绩差为0.87）、实践教学（绩差为0.85）、科研活动（绩差为0.84）、精品课（绩差为0.84）、小班授课（绩差为0.84）、学术讲座（绩差为0.83）。上述数据反映出我国各类院校有待为学生提供更多更为优质的学习资源或机会，亟待加强实践教学（含实习基地的建设）、运动场、体育设施和校园文化活动建设，其中，一般院校还需要为学生提供更多高水平的学术讲座。

总之，对于院校提供的各项学习资源或学习机会，一方面，各院校应进一步加强实践教学、实习基地、校园文化活动、学术讲座、图书馆学习资源以及教学资源网络平台的建设与管理；进一步关注实验室、实验仪器和科研活动方面的建设；进一步关注和推进实践教学，加大支持力度，创新教学模式，尽可能给学生提供更多更优质的实验、实践教学（包括实习）平台。另一方面，学校应更有效地引导学生将网络资源更好地运用于学习、研究以及积极向上的课外活动中去。调研中，关于严重耽误学生学习的常见事件（教学管理干部问卷未涉及），有73.7%的学生和64.5%的教师选择了"上网无目的的漫游或游戏"，其次是逃课。这也进一步反映出院校应高度重视此类问题，积极引导学生有效利用包括网络资源在内的各类资源。

（5）院校应切实提高教学管理水平，进一步发挥各院系二级管理、教学督导制度及学生评教在教学质量保障活动中的作用。学生对教学管理的评价绩差均值为0.67，反映出学生对此的期望与实际满足之间存有一定的差距。在各项教学质量保障措施中，学生对于教学督导制度的评价绩差最大，总体绩差均值为0.77，其次分别是学生评教、教师自评。可见，各类院校有必要进一步完善学生评教和教学督导制度，更好地发挥它们在教学质量保障活动中的作用，避免流于形式。教学管理干部对教学管理的评价绩差均值为0.72。在各项教学质量保障措施中，首先对于新教师的岗前培训和教师的在职培训的评价绩差均值为0.85，其次是教师自评和领导评教，最后是教学督导制度。以上数据反映出学校有待进一步完善教学管理制度建设，并保证其执行力，切实提高教学管理水平，在此过程中,还需进一步发挥各二级院系和教学督导制度在教学质量监控或保障活动中的作用。

(6)重视和加强学生实践能力以及批判与创新精神的培养。学生对各项成长目标的评价绩差显示,实践能力一项的绩差最大(绩差分为1.00),其次分别是拓展知识面、掌握研究方法、批判与创新精神以及了解学科前沿等项。

最后,院校还应积极建设校园文化,改善学校—社区关系。如今,以质量求发展正成为我国高等教育事业的重要任务。在此背景下,我国高校建设的侧重点势必从外延式发展转向内涵式发展,而作为内涵式发展,其主要抓手就是要挖掘高校各项办学要素的潜能。对此,各院校需要从校风、学风、教风等无形要素抓起,注重对全体师生的质量文化引领,这将是内涵式发展的重要前提。与此同时,各院校还应主动与所在社区建立良好的关系,为社区环境的改善贡献所能,大学在考虑社会需求的过程中,完全可以从社区做起,发挥高校在科技、经济、文化等方面对社会的引领作用,这一贡献最终将通过为学生们营造一个更优良的社区环境来反哺高校教学质量保障工作。

# 第四章

## 高职院校教学质量监控体系的研究

1985年5月，我国颁布了《中共中央关于教育体制改革的决定》，其间，学术界也开始对中国高等教育评估问题进行探讨，相关的学术研究自此日趋活跃。1994年，国家教育委员会（现教育部）启动了高等教育评估的试点工作，在实践中迈出了第一步。高职院校的教学评估工作的开展在时间上晚于本科院校的教学评估工作。根据教育部《关于开展高职高专院校人才培养工作水平评估试点工作的通知》（教高司函[2003]16号），教育部首次对25个省市的26所高职院校进行了人才培养工作水平评估。通过前期试点评估，2004年4月，教育部办公厅印发《关于全面开展高职高专院校人才培养工作水平评估的通知》（教高厅[2004]16号），文件规定："各省级教育行政部门应制定本地区高职高专院校人才培养工作水平评估工作的总体规划和年度计划，保证5年内完成对本地区所有高职高专院校的第一轮评估；应从2004年起对本地区高职高专院校分期分批开展评估，公布评估结论。"至此，五年一轮的高职高专院校评估制度正式建立。

　　从国际视角看，我国的高等教育评估历史相对较短，至今仅20余年，尽管在其发展过程中也受到一些西方发达国家高等教育质量保障活动热潮的影响，但至今还基本停留在高等教育质量监控阶段。当前，正处于向高等教育质量保障转型的理论探索阶段，这与我国的高等教育发展和高等教育体制是密切相关的。从评估主体上看，我国以往的评估活动大致可分为政府评估、院校自评和社会评估。其中，政府组织的评估一直以来占据主导地位，如合格评估、办学水平评估、选优评估、普通高等学校本科教学工作水平评估；院校自评基本上是伴随政府组织的各类评估而存在的；社会评估则多以各类排行榜的形式存在。下面将对我国高职院校教学评估的发展历程做概要回顾。

## 第一节　高职院校教学评估概述

普通本科学校教学工作水平评估已经走向规范化的道路，高等职业教育作为高等教育的重要组成部分，也经历了规模扩大、结构完善的发展历程。高等职业教育借鉴高等教育评估的理论与经验，根据高等职业教育自身的特点，评估工作开始慢慢铺开。教育部实施5年1轮的评估制度以及各地区建立的教育评估中心，使高职教育评估不断走向科学化、规范化和专业化。高职院校经历的两次评估都是在特定的历史时期启动实施的，第二轮评估在第一轮评估的基础上应运而生，这与高职院校加强内涵建设的要求更加吻合。2014年开展的第三轮评估有更多的设计构想与创新之处。

### 一、高等职业院校人才培养工作水平评估

《中国教育改革和发展纲要》指出："要建立各级各类教育的质量标准和评估指标体系，对职业教育的评估要采取学校、专家和用人单位相结合的办法，通过多种形式进行质量评估和检查。"2000年，教育部高教司印发了《高职高专教育教学工作优秀学校评价体系》和《高职高专教学工作合格学校评价体系》两个文件，并对沈阳电力专科学校进行了高等专科学校工作优秀评价的试点评估，得到众多学校的响应。《国务院关于大力推进职业教育改革与发展的决定》（国发[2002]16号）再次提出："要加强对职业教育的督导检查，各级人民政府的教育督导部门要把职业教育作为教育督导的重要内容。加强和改进对职业教育的评估，积极探索发挥市场作用和社会参与的职业教育评估方式。"这些纲领性文件对开展高职高专院校人才培养评估工作发挥了重要作用。

近十余年来，高职教育迅速发展，为国家培养了大批高素质技能型

人才。据统计，1998年我国有高职高专院校432所，当年招生43万人，在校学生数117万人；至评估开始的2003年，院校数已增加至908所，当年招生人数200万人，在校人数增至480万人。[①] 院校数量和学生数的增加，引起了社会各界对学校人才培养质量、办学条件等方面的关注，多数学校就为什么发展高职教育，怎样发展高职教育等基本问题认识不清，因此，需要一个指导学校人才培养工作的"指挥棒"。

2003年，教育部印发《关于开展高职高专院校人才培养工作水平评估试点工作的通知》，并公布《评估方案》《评估工作指南》等文件，按照方案指标开始在全国高职高专院校开展人才培养试点评估。经过各省市教育主管部门的推荐，当年共对全国26所高职高专院校（其中包括7所高等专科学校和19所高等职业技术学校）进行了试评估，结果，8所学校"优秀"，15所学校"良好"，3所学校"合格"。此举得到了广大职业院校的支持，对实施正式评估起到了里程碑的作用。

在试评估的基础上，教育部于2004年颁布了《关于全面开展高职高专院校人才培养工作水平评估的通知》和《高职高专人才培养工作水平评估方案（试行）》，要求各地正式启动5年1轮的本地区高职高专院校评估工作。方案要求从2004年起到2008年对本地区高职高专院校分批开展评估，并向社会公布评估结论。根据文件精神，各地区都相继贯彻"以评促建、以评促改、以评促管、评建结合、重在建设"的二十字方针，扎实开展评估工作。评估方案借鉴并吸收了《普通高等学校本科教学工作水平评估方案》的特点，制定了一套适合于高职高专院校特征的评估指标体系。其中，包含6个一级指标（办学指导思想、师资队伍建设、教学条件与利用、教学建设与改革、教学管理、教学效果），1个特色指标或创新项目，15个二级指标，36个主要观测点。评估结论分为优秀、良好、合格、不合格，凡是尚未有三届毕业生的高职高专院校必须按照方案的合格标准，接受人才培养工作合格评估。通过合格评估两年后的学校，

---

① 董大奎.高等职业院校人才培养工作评估回眸与展望[J].职业技术教育，2009（4）：9–12.

或是已经有三届或三届以上毕业生的高职高专院校方可申请评估。该方案不仅适用于独立设置的高等职业院校，还适用于高等专科学校和成人高等学校，鼓励学校应以服务为宗旨，以就业为导向，走产学研相结合的发展道路。

接受评估的学校普遍增强了质量意识，加大了对学校办学条件的投入，学校的实训条件、教学设备等教学基本条件发生了根本性变化。师资队伍的学历、职称等得到了很大改善，学校大力从社会上引进优秀人才。评估促进了专业建设和人才培养模式的改革，加大学校规范建设，成了学校管理、改革和发展的"指挥棒"。

但这轮评估也存在诸多问题：其一，评估指标过于刚性，没有真正体现高职教育的实践性，采用同一指标对不同类型和层次的学校实施评估，缺乏分类指导的原则；其二，评估结论等级化，学校的办学水平、办学层次、学生质量以及学生对社会的影响短时间内无法完全体现，进行等级评定存在一定的片面性；其三，评估主体单一，由评估专家作为评判员，评估结论的等级（优秀、良好、合格、不合格）都由他们敲定，这就导致学校、教师、学生、家长和企业单位被置身门外，丧失话语权，难以反映社会各层对高等职业教育的诉求；其四，评估方法烦琐，专家组进校后，要完成对学校的档案翻阅、问卷调查、专业技能测试、学生专题研讨、考察和走访校内外实训基地等各方面的工作，短短的四天时间里要完成如此繁重的任务，导致专家组疲惫不堪，再加上人才培养质量的内隐性，短时间内很难对人才培养的质量做出全面准确的判断，考察范围太广，难以抓住评估的关键点。

**二、高等职业院校人才培养工作评估**

为提高高职教育质量，从追求规模和数量外延式发展向以适应经济社会发展所需的高素质人才的内涵式发展转变。为贯彻落实《国务院关于大力发展职业教育的决定》（国发[2005]35号）的精神，2006年，教育部和财政部共同启动国家示范性高职院校建设计划，在全国范围内重点建设100所示范性高职院校，并按年度、地区分批推进。该计划明确要求"创造高等职业教育改革与发展的良好氛围，建设公共管理平台，健全组织机构，建立信息采集与绩效监控系统"。这3项规定的实质就是要求改变传统的评估模式，鼓励学校个性发展，完善人才培养评价机制，将绩效评估理念纳入人才培养评估工作中去。

2006年，教育部颁布了《关于全面提高高等职业教育教学质量的若干意见》（教高[2006]16号），该文件是在我国高职院校和学生规模数量已占据高等教育的半壁江山，全国上下学习贯彻职业教育工作会议精神的形势下出台的，集结了教育行政主管部门、专家学者的智慧，规划了高职教育的发展方向，对新时期高职院校的评估提出了一系列要求。文件指出大力推行工学结合，突出实践能力的培养，改革人才培养模式，教育行政部门应当进一步完善5年1轮的高等职业院校人才培养评估体系，加强对人才培养过程的监控，吸收用人企业参与到教学质量评价中来。

为响应（教高[2006]16号）文件的精神，2008年1月，教育部颁发了《高等职业院校人才培养工作评估方案（草案）》，并对全国56所高职院校进行试点评估，经过试评估证明该评估方案、指标体系、状态数据采集平台的建设与使用是可行的。

2006年4月，教育部正式颁发了新一轮的《高等职业院校人才培养工作评估方案》（教高[2008]5号），规定从2009年开始在全国全面实施。由于各个地区职业教育发展不平衡，有些地区在2010年才开始实施新一轮的人才培养工作评估。评估的主要内容在第一轮评估的基础上进行了适当调整，更加突出了高职教育的特点，主要包括领导作用、师资队伍、课程建设、实践教学、特色专业建设、教学管理、社会评价7个主要评估指标，22个关键评估要素。同时，还发布《高等职业院校人才培养工作状态数据采集平台》（以下简称数据采集平台），要求由学校相关负责人以学校日常教学工作原始状态为基本数据，对学校的发展状况进行数据采集和分析，并定期向公众公布。

评估方案要求各地区应根据当地区域经济和高职教育发展的现状，制定本地区的人才培养评估方案，评估指标可以在教育部颁发的方案指标中进行适当调整，但个别指标不能低于评估方案的标准。

以高职教育大省江苏省为例，江苏省根据教育部评估方案的要求，制定了《江苏省高等职业院校人才培养工作评估规划》《江苏省高等职业院校人才培养工作评估实施细则》《江苏省高等职业院校人才培养工作评估指标体系》等相关文件，并在全省高职院校部署和实施，争取在5年之内完成对全省高职院校的评估。2009年和2010年，两年共对11所高职院校进行试点评估，评估结果取得了显著成效，但也存在着很多问题，主要集中在师资队伍、专业建设、校企合作等方面。通过对试点评估的分析与总结，省教育厅对评估程序、评估指标体系等做了进一步优化和完善，从2011年开始全面展开评估工作。省教育厅又在数据采集平台单机版的基础上开发了校园网络版，实现了在校园网络环境下的运行，同时，还独立开发了省级管理仪表盘分析系统，了解各个学校在人才培养工作的运行状态和发展轨迹。值得一提的是，江苏省还是国内唯一执行高职院校人才培养工作评估报告书制度的省份，即在对学校现场考察后的30个工作日内，向学校寄送评估报告书。评估报告书中包含了专家组在现场考察中总结的学校的主要经验和特色、问题与不足、建设意见等，供学校参考。

第二轮评估是建立在第一轮总结评估的基础上，以发展性评估为目的的评估模式。在评估目的、评估主体、评估结论、逻辑体系等方面都有了新的变化，更加凸显了高职教育的特征。第一，评估指标更加注重内涵发展，强调以诊断与发展为目的，从规范建设向内涵建设转变，从重视硬件向软件方面转变，从培养什么人和如何培养人方面下功夫，评估以学校日常教学工作的原始形态为依据，重视学校的过程管理，重点分析学校在人才培养过程中存在的问题，并与学校一起研究和讨论并提出解决方案。第二，评估方法简便化，采用平台分析与现场考察相结合的方式，方式更加简化，突出人才培养工作的重点。第三，评估主体多元化，评估主体从单一到多元的转变，专家角色也相应由"裁判"变为"医生"，与学校结成朋友，努力从利益相关者的角度考虑，是一种以利益相关者为导向的评价。第四，评估结论去除等级化，实现从选优评估到达标评估的转变。台湾著名学者杨朝祥先生说过"大学评鉴是大学应有的内在制约能力，不应借重外力予以干预，政府主导的评价应仅仅是门槛式的评价，是一种类似认可的评鉴制度，对学校的评鉴不做校际的比较，亦不做排名的公布，而仅仅是通过与不通过之认可"。这次评估标志着我国高职教育评估工作跨入一个新阶段，逐步走向科学化、规范化、专业化。

### 三、我国高等职业教育评估展望

（一）数据采集平台的构想

2014年，教育部全面启动第三轮对高职院校的评估，不断创新数据采集平台是最新的设计构想，重点从原始数据采集、数据存储到数据应用等三方面入手，保障数据的有效性、及时性，同时，对专业建设评估等各类评估提供数据支持，使其作为高职院校信息化和日常管理的基础。

中国职业教育评估网站的开通也是第三轮评估的亮点，这使职业教育评估成为科学化、专业化、信息化的平台。

（二）数据监测平台的建设

人才培养质量最终由学校自身来保障，评估的重点是引导学校建立起科学、高效的内部质量保障与监控体系，由外部评价促进内部质量保障与监控体系的改进。这就需要加强高职院校数据监测平台的建设，针对在日常教学状态中发现的问题及时进行解决，优化和保障教学质量保障体系，形成全员参与、全程监控、全面监测的教学质量监控系统。

### （三）多元评价主体的参与

高职教育往往体现国家的意志和政策，政府集管理、办学于一身，职业院校只能成为政府集中管理下的附属物。但随着高职教育逐步向自主办学方向发展，政府主导的教育价值受到了多元价值主体的挑战，企业、行业、教师、家长、学生等都对教育评估提出了要求。国家是高职教育重要的利益主体，代表着社会的总体利益，但社会其他利益主体自身也有不同于政府的价值诉求，如企业追求经济利益，它们希望学校培养的学生的能力能够为自己提供更大的效益；高职院校希望培养出更多的优秀人才，提高学校的声誉；受教育者希望不断提升自我，为今后能够在社会上立足做好准备。

不同利益主体之间的所需价值存在交集，更有矛盾和冲突。因此，需要以某种利益需求为主，同时，兼顾其他主体的利益，而不是以国家的价值代替其他利益相关者的价值。要完善政府、行业、企业、专门机构等多元评价主体，从而建立与现代高职教育体系相适应的评估体系。

## 第二节 高职院校内部教学质量监控体系的现状分析

### 一、高职院校内部教学质量监控体系的概况

在我国高职院校内部教学质量监控体系的建设中，政府教学评估对其的推动作用较为明显，此项工作带有较为显著的"外生性"特点，而且从20世纪90年代中期以后才开始逐步建立。但是，到目前为止，我国高等教育领域尚未形成全国性的内部教学质量监控体系建设指南或要求，而在一些地方或院校已经有这方面的探索与初步实践。

上海市教育委员会在2004年4月曾发布了《上海市教育委员会关于实施高校教学质量保障体系建设工程的若干意见》（沪教委高[2004]16号）一文，在此文中对建设高校内部教学质量体系的定义、基本内容等

作出明确的规定。此文指出：教育质量的内部保障体系，是由学校为提高教育质量与配合外部保障活动而建立的组织与程序系统。其与外部保障机构相互合作以完成教育质量保障的任务。一般做法是，外部机构偏重于输入和输出评判，而学校则偏重于过程的改进和质量的提高。高职院校教学质量保障体系的基本内容如下。

（1）教育教学规划：为确保教育教学质量符合学校的目标定位，体现学校的办学指导思想，应对学校的专业布局、新专业设置和培养目标、培养模式的确定以及教学管理制度的建立和完善进行监测和控制。

（2）培养计划：为确保教育教学活动符合既定的专业人才培养目标，学校应对专业培养计划的制定、修改、审核、批准、实施等活动进行监测和控制。

（3）教学建设：为保证和提高教育教学质量，应对学校的教学基本建设进行监测和控制。其主要内容包括学科建设、专业建设、课程建设、教材建设、实践教学建设、学风建设、管理制度建设等。

（3）人力资源：为满足学校的学科定位、学科发展和教学需要，并使学科梯队的结构合理，应对学校师资队伍和管理人员的配置、培训和考核等进行监测和控制。

（4）教学设备：为满足教学的需要，应对学校的教学场地、教学设备、图书资料及其他教学资源的配置、利用进行监测和控制。

（5）教学准备与实施：为保证教学实施符合培养计划的要求，应对学校的教学准备和实施进行监测和控制。其主要内容包括主讲教师入选的确定、培养计划的执行、教学文件的准备、教学场所和教学设备的准备、教材的选用、教学环境是否满足教学需要和各种偶发事件的应急处理准备等。

（6）学生管理：为保证毕业生符合预定的培养目标和人才培养规格，应对学生的管理进行监测和监控。其主要内容包括新生录取、注册、学籍、成绩记载、学位与证书等日常管理。

（7）日常教学检查：为确保教学过程中的质量信息反馈有效，内容充分，应对教学过程进行监测和控制。其主要内容包括制定质量评判标准、设置监测点、明确监测人员、制订监测计划、确定监测信息的传递途径等。[①]

## 二、高职院校内部教学质量监控体系的组织机构

高职院校一般都是在教务处下设立教育教学评估科（室）作为学校教学质量保障的组织、管理机构，一般是两块牌子一套人马，主要负责组织督导组听课、评教、评学、课程评估等教学质量监控工作。近几年，也有少数学校单独设立了教务委员会、教学质量管理办公室或教学评估中心，配备了专门从事学校教学质量管理活动的人员，一般是2~3人。

## 三、学校内部教学质量监督体系的主要内容与监督方法

学校一般通过领导评教、教学督导组、教师自评、学生评教等经常性的教学质量监控工作来保障教学的质量。

### 1. 领导评教

几乎所有学校都有领导评教这一质量监控方法。主要是学校领导、教务处、教学评估中心、学生处和各院系的领导组成检查小组，每学期定期对课堂教学进行评估。这是领导深入教学第一线了解教学质量的好机会，也是各部门之间相互交流的好机会。检查小组也会对课程进行评估。课程评估的内容一般包括：师资队伍建设、教学条件、教学效果、教学改革成果、课程结构体系、现代教育技术的应用等方面。领导评教多用于新设课程和精品课程。

---

[①] 上海市教育委员会．上海市教育委员会关于实施高校教学质量保障体系建设工程的若干意见，沪教委高[2004]16号．

## 2. 教学督导组

教学督导组是目前各高校普遍采用的方法，已成为高职院校教学质量监控工作的重要组成部分。督导组通常由教学经验丰富、治学严谨、高度负责的老教师和退休教师组成，一般以退休教师为主。其中，最常见的形式即抽查听课，督导组通过与师生面对面的交流，收集与教学和管理相关的信息，及时反馈至教学质量管理部门，并对存在的问题提出改进建议，对好的教学方法和经验进行宣传与推广。当然，督导组也可通过随堂听课考察新教师的教学情况，诸如语言表达、教学态度、启发式教育方法和现代化教学手段的运用等相关情况，并通过各种方式帮助青年教师提高教学能力，保证教学质量。

## 3. 教师自评

教师自评的形式主要是教学质量管理部门向教师发放调查问卷。自评的内容一般包括两部分：一是对自己上课情况进行自评；二是对学生的学习情况进行评价。

## 4. 学生评教

学校根据实际需要，每学期或每学年对开设的课程由负责教学质量管理部门（教务处或教学评估中心）发放调查问卷进行评估。问卷涉及教师的教学态度、教学方法、教学内容及教学效果等内容。

教学质量管理部门把所有学生评教和教师自评的问卷调查表收回后，进行汇总和分析，汇编成册向学校汇报。并且，质量管理部门通常会将评价中反映出来的问题反馈给相应的院系和教师本人，以便改进工作。

此外，学校的各种考试、作业、毕业论文和设计等也是监督教学质量的一部分。

## 第三节 高职院校内部教学质量监控体系存在的主要问题

就我国高职院校内部教学质量监控体系的现状而言，外力远大于内力。从"以外促内"的角度看,在开始阶段能够迅速产生推力,这可能是件好事,但从教育质量保障的长效发展和"以外促内"的根本目的看,需要逐渐走向以内部质量保障为主,外部质量保障在很大程度上服务于此格局。就当前情况而言,相对于外部质量保障活动的发展形势,我国高职院校内部质量保障体系建设的广度和力度显然处于滞后状态,要使之得以改善,首先需要对其中存在的问题有一个较为全面和深入的认识。本节主要通过对我国首轮评估中389所参评院校评估报告的分析,结合相关学者的理论与实证研究,总结我国高职院校教学质量监控体系存在的主要问题。

### 一、高职院校内部教学质量监控体系在构建方面存在的问题

*(一)教学质量管理规章制度建设的系统性和质量标准科学性薄弱*

通过对389份评估报告的统计分析,结果显示,评估专家在这方面共提出了61条改进建议,占改进建议总数的36%,其中规章制度方面占31%,质量标准方面占69%。曾有研究者对学校的质量管理规章制度建设情况进行过问卷调查,调查结果表明:在被调查的人中仅有44.8%的人回答本校有与日常评估配套的规章制度,55.2%的人则回答不健全、没有,甚至不清楚。

这些问题还表现在以下几个方面。

(1)学校在建立教学质量监控体系时对教育质量的目标定位(如学校的人才培养目标定位、质量保障目标定位等)不够明确。

(2)大多数院校都建立了一定的教学质量监督制度(如教学检查制度、领导听课制度、教学督导制度等),但与之相配套的改进性制度(如定期的评估及其反馈制度、学生和教师的申诉制度等)缺乏或不够完善。

(3)一些学校在教学质量监控体系的理论构架上比较完善,但缺乏有效的运行机制保障。如何将学校制定的各项规章制度和质量监控体系有效运用到各院系的教学活动中,并将之转化为每位教师、学生、管理人

员的自觉行为,这是学校接下去应该努力的方向。

(4)主要教学环节质量标准的科学性、合理性较差,问题常常在于相关的质量标准(如论文质量监控标准、课程建设标准、实验室建设标准等)缺乏可操作性,有些教学环节的质量标准制定得过细,有些则制定得太粗。对此,学校需要深入完善各主要教学环节的质量标准,加强内涵建设,及时根据实际情况进行调整。

面对上述问题,要求院校制度建设上,一要完备,制度要充实起来;二要完善,不合适的制度要及时更新或废止。总之,既要有一定的稳定性,又要适应科学发展的需要。其中,关于稳定性就需要在制度的设计之初进行深入、广泛、切实的调研,"兼听则明""有调查才有发言权",都是为人熟知的至理名言,"兼听"就是要广泛而切实地征求相关利益群体(特别是师、生,因为他们是学校内部的最大群体)的意见和建议,加强过程中的沟通与及时的改进,有效运用反馈和监督机制。而制度的建设若不是建立在深入调研和广泛共识的基础之上,执行力和有效性都会面临空前的压力,对组织内部的资源、人际关系、凝聚力等都会造成损害。

(二)教学质量监控体系缺乏全面质量管理思想

目前,我国高校层面的质量保障体系尚未得到系统建设,学校仅建立了对课程教学质量的监控体系。实践中,我国高校的教学质量保障工作大部分是在教学过程的监控方面开展了大量散点式的工作,对于保证和促进教学质量的其他方面的监控、诊断、反馈和改进亟待加强,全面质量管理理念的实践尚显不足。

(三)教学质量监控体系在结构上不健全,在各环节建设中不平衡

从严格意义上讲,到目前为止包括高职院校在内的我国高校尚未建立内部教学质量保障体系(确切地说可称为教学质量监控体系),或者说正处于向教学质量保障体系过渡的时期,原因之一就是我国高校在质

量保障体系的结构上还不健全。一般而言，高校的内部教学质量保障体系应该具备培养目标和教育质量标准方面的保障、投入方面的保障、人才培养过程的保障、教学效果的保障及信息收集、评价、分析和反馈机制的保障等系统内容。而目前我国高校教学质量保障工作方面的重点在于对教学过程的监控和教学结果的评价，但对人才培养目标、教学投入及反馈与改进等方面不是很重视。根据北京师范大学学者对96所普通高等学校的内部质量监控体系建设的文本分析结果，我国各类高校内部质量监控体系建设普遍重视"过程保障"和"结果保障"两个要素（分别占94.8%和92.7%），"投入保障"和"机制保障"要素涉及较少（分别占41.7%和20.8%）。研究样本所涉及的96所高校中，只有4所高校涵盖了质量监控体系的全部要素，仅占样本总体的4.2%，甚至有两所高校的质量监控体系仅含有一个要素，占样本总体的2.1%。就高校内部教学质量监控体系在各环节的建设中不平衡而言，主要表现为在教学过程保障中多数高校重视教学质量监控环节和教学管理组织体制，而轻视教学建设和教学研究；学校在教学效果保障中重视教师教学质量的评估，轻视学生学习效果的评价。

## 二、高校内部教学质量监控体系组织系统方面存在的问题

（一）教学质量监控体系缺乏独立的组织机构

包括高职院校在内的我国多数高校是由教务处负责教学质量监控的大部分工作，有的在教务处设立教学评估中心（室），评估人员大多由教务部门的管理人员兼任，形成机构单一挂靠下的人员兼职的现象。因此，无论从机构的地位，还是从人员的精力来看，都不足以支撑整个学校的教学质量保障活动，相关的教学质量监控工作常常受到其他事务性工作的干扰，不能系统深入地开展。学校必须认识到质量保障工作不仅只是对教学的监督管理，还需要在平时开展与教学质量保障工作相关的各项研究、信息管理与咨询服务，它涉及学校教学工作的方方面面，且具较

强的专业性。

### (二)教学质量管理部门之间职责不清

关于教学质量管理部门之间职责不清的问题,评估专家共提出了12条改进建议,占改进建议总数的7%。问题主要表现为:质量保障工作的机构和人员不独立而导致教学质量监控系统的运行机制不顺畅、职责落实不到位或交叉重复。对于这一问题,教务处作为学校层面的教学管理部门,在一定程度上,应适当地从微观管理向宏观管理推进,充分发挥各学院教务科在教学管理中的作用,加强与二级院系质量监控体系的互补与共建,使二者在职能上相对独立,而在运行机制的衔接上更为紧密,共同致力于质量保障效果的提高。此外,一些学校还需进一步明确教务处和督导办在监控体系中的职能分工。

## 三、高校在质量管理制度执行和质量监督反馈方面存在的问题

关于高校在质量管理制度执行和质量监控反馈方面存在的问题,评估专家就此共提出97条改进建议,占改进建议总数的57%。其中,关于教学管理规章制度执行的占38%,关于教学实践监督的占52%,关于反馈信息效用的占10%。

### (一)教学管理规章制度执行不力

对于学校制定的教学管理规章制度,二级院系在实际执行中未能很好地落实。其问题主要在于:制度的执行在各院系之间缺乏一致性;院系对制度的执行不严格,如试卷的批阅评分与标准不一致以及试卷分析中存有流于形式、不到位的现象等。

### (二)实践教学监督不力

学校在毕业论文和实践教学方面存在质量控制的薄弱点,已成为多数学校质量监控方面的通病。具体而言,在规范、监督毕业论文方面存

在较为明显的不足，如文科论文的注释、参考文献不够规范，理科领域设计题目雷同比例较高，整体毕业论文的学术水平较低等。因此，在毕业论文的题目审查、评阅和答辩成绩评定等环节上，质量监控的功能发挥与效果有待提高。此外，学校还需进一步加强对实践教学工作尤其是实验、实习的教学督导工作。

（三）信息收集、分析和反馈机制缺失，反馈信息效用度弱

面对高校教学质量信息收集、分析和反馈机制不完善以及反馈信息效用度不高的情况，评估专家指出，在教学质量监控信息系统的建设与完善方面，重点在于进一步完善实时动态信息的采集与反馈功能。曾有学者对96所学校的内部教学监控体系的文本进行了分析，结果仅有1所学校建立了教学基本状态数据库，这足以说明高校数据信息收集、分析和反馈机制的严重缺失，更谈不上对反馈信息的高效使用。有学者指出以往的教学行政机构集教学决策与教学管理于一身，教学质量信息反馈主要依靠行政管理系统的自我反馈，没有专门的反馈机构。[①]

当然，加强制度建设与管理并不等于缺乏人文关怀，这并不是一个非此即彼的问题。恰恰相反，学校在加强制度建设和执行力的过程中应更多地运用人文管理的思想，强调以人为本，重视人与人之间的交流，调动人的积极性与自主性。在教学质量管理领域，教学质量考核与评价的指导思想和方式要人文化，如教师对学生的评价中要关注对其学业指导或改进的效用，加强与学生的课内外的互动交流；学生评价老师时也要尊重教学风格。在教学质量的监控过程中，将"尊重"放在第一位，尽量少用简单的量化指标给师生定性，尽量多以正向激励为主，关注"共同建构"，关注教师的专业发展和学生的学习经历。在此过程中，需要基于质量意识的一致性、实事求是的评价、切实有效的诊断、互为理解的沟通，实现共同发展，从而保证教学质量的持续改进。

---

① 吴光华，王晖，李艳，等.高等院校教学质量保障体系探析[J].教育学术月刊，2009（9）：46.

如今，我国一些高校在经历了第一轮的本科评估后，已经逐渐形成了建立内部质量保障体系的意识，对于如何根据学校的实际情况建立起有效的内部质量保障体系，这是值得人们在研究和实践中不断探索的问题。下一章将在此基础上提出适合我国高职院校的内部教学质量保障体系的构思。

# 第五章

## 高职院校内部教学质量保障体系一般模式的构建

高等教育质量保障过程中，关键内容就是高校的自治、质量与有限的资源。高职院校要获得更多的自主发展空间与资源配置，一个重要的前提，就是能够对自身的质量负起首要责任，并接受外部必要的问责与辅助。

在特定外部环境下，当大多数高职院校的价值取向、内部教学质量保障体系的基本功能趋于一致的情况下，构建一般模式的共同要素存在的可能性将会大大增加，适用于此背景的高职院校内部教学质量保障的一般模式就有更大的可能得以实现。我国高等教育的总体价值取向存在一定程度的一致性。此外，各类高校教学质量保障体系的基本功能总体上也基本一致。这为高职院校教学质量保障一般模式的构建创造了良好的基础。

## 第一节　高职院校内部教学质量保障体系一般模式构建的基本原则

结合我国高等教育的发展需要以及国际高等教育市场环境，确定我国高职院校内部教学质量保障体系一般模式构建的4个基本原则。具体如下。

### 一、全球——本土化原则

如今，高等教育及其质量保障运动的国际化进程不断推进，在经济全球化的背景下，我们需要理智思考我国高等职业教育的国际化进程与策略，并以战略的高度审视我国高等职业教育的国际空间。在此过程中，选择无非有二，一是走到跟前没有准备而被动接受；二是未雨绸缪并主动进行和参与游戏规则的制定。发端于西方的高等教育质量保障运动其最初的根源是财政吃紧。因此，这些国家的高校一方面通过质量保障积极赢得国内资源；另一方面也会向国际市场空间拓展，但这种拓展通常会建立在某种游戏规则基础之上，如人们所熟知的国际高等教育质量保障网络，正是为此提供的一个重要平台。我国作为高等职业教育大国，如何面对这一国际环境，需要基于本国国情及早从长计议。在此过程中，我国的高职院校教学质量保障乃至整个高等教育的质量保障，需要建立一个立足我国高等教育发展现实需求，充分借鉴国际经验，有效加强国际交流与合作的发展思路。总之，我们既不以单纯的全球化牺牲本土利益，也不以偏执的本土化抛弃全球机遇。

### 二、质量文化引领原则

质量文化是推进质量保障体系建设与发展的无形之手。我国一些高职院校的质量文化相对滞后是不争的事实。对此，在高职院校教学质量保障体系建设中，一方面要积极培育质量文化，为高职院校教学质量保障活动的开展与深化营造良好氛围；另一方面要通过高职院校质量保障体系的建设，带动和促进高校质量文化的形成与积淀。关于高职院校的质量文化，陈玉琨教授在论著中明确提出"高等学校的质量文化就是以质量为生命线"的观点。[①] 此论述为高职院校质量保障体系一般模式的设计与构建提供了重要的质量文化框架。

### 三、有效性、经济性、长效性原则

高校教学质量保障既然成为一项相对独立的工作，而资源有限又作为高职院校开展教育质量保障工作最初的根本原因，人们势必会考虑其

---

① 陈玉琨. 高等教育质量保障体系概论[M]. 北京：北京师范大学出版社，2004：112.

功能的实现程度，考虑其投入与产出等问题。对于我国高职院校的质量保障建设而言，首先就是有效性。有效性是发展的必要条件，无效的建设不但不是发展，还是极大的浪费。其次，在有效的基础上，要考虑经济性。之所以将经济性置于有效性后位，是因为高等职业教育本身具有效果表现滞后性，若将经济性置于首位，必然极大地削减人们在这项工作上的信心。但从事实上看，经济性必然需要考虑，我们如今需要办有质量的大教育，必须考虑将钱花在刀刃上，而不是搞一些与教学质量改进相关度极低，甚至是毫无正相关度的形象工程或活动。经济性就是要在保持有效性的基础上，尽可能地优化资源配置，节约资源，防止因质量保障的建设滋生新的累赘环节或机构。最后，也是极为重要的一点，建设过程中必须关注其长效性。这就要求在建设与运行中所积累的成功经验能够及时转化为机制内容的一部分，对于诊断发现的问题要及时改进，并结合风险管理，采取有效措施主动预防和管理类似问题。总之，在高职院校教学质量保障体系的设计与建设过程中，需要充分考虑有效性、经济性、长效性原则。

**四、高校自主发展与自我约束原则**

我国高职院校在面向社会办学的过程中，需要明确自身在教学质量保障中的首要责任地位。要使这一责任落到实处，高职院校的自主发展和自我约束就像两条腿行进，缺一不可，协调共进才是发展之道。从高校自身看，在此过程中需要有自觉意识和使命感。而从政府职责和社会责任的角度看，高校的自主发展与自我约束需要外力对此加以必要的培养。即使从西方高等教育质量保障运动的发展看，其本身也是由高职院校外部主体（主要是政府）所带动的，绝大多数高校是在认识或直接面对质量保障工作对其自身地位、资源及自主权的高度关联后，逐步引入或生成了质量保障工作的思路与方法，也有高职院校在看到成功的案例之后，对此加以重视。从我国高职院校的发展与现状看，这一机制在发展之初，外部带动势必不可缺位。但其能否扎根于高校并取得实效，最终还是要看高校在这项工作上的自觉性。而在高校自觉意识的培养过程中，外部应重在为其营造一种环境，这一环境需要存在必要的问责，但更多的是为其提供政策、信息与智力上的协助，即以一种鼓励和支持其进步与发展的取向存在。

基于以上原则，在我国高职院校内部教学质量保障体系一般模式的构建中，笔者将"以学生为本，以教师专业发展为主，以课程为核心"作为基本思路。学生是中心所在，具体而言，质量过硬、结构合理的人才培养是高校教学质量保障的根本出发点；教师及其专业发展是教学质量保障的关键要素，师资队伍的质量保障是教学质量保障的核心前提；课程作为教学活动实施过程中的各项要素交汇作用的基本单元，是开展教学质量保障活动的重要抓手。

## 第二节 高职院校内部教学质量保障体系一般模式的基本要素

基于前面各章节内容的研究，归纳适用于我国高职院校内部教学质量保障体系一般模式的基本要素可分为4个基本要素，共26个子项，具体见表5-1。从高职院校教学质量保障体系的运行结构和运行环境观察，基本可分为学校、院系和具体教学环节3个层次，如图5-1所示。

表5-1 高职院校教学质量保障体系基本要素

| 四个基本要素 | 各个子项 |
| --- | --- |
| 价值取向、目标与标准集合 | 办学理念 |
| | 学校定位 |
| | 培养目标 |
| | 培养方案 |

续　表

| 四个基本要素 | 各个子项 |||
|---|---|---|---|
| 组织架构集合 | 决策系统 |||
| ^ | 决策支持系统 |||
| ^ | 联络系统 |||
| ^ | 日常管理与执行系统（包括临时项目组） |||
| 支持资源集合 | 教学资源 | 显性教学资源 | 师资队伍、生源 |
| ^ | ^ | ^ | 课程与专业建设 |
| ^ | ^ | ^ | 教学改革 |
| ^ | ^ | ^ | 教学基本设施 |
| ^ | ^ | 隐性教学资源 | 校园文化（包括质量文化） |
| ^ | 教学质量保障的制度规范及教学档案文献资源 | 规章制度 ||
| ^ | ^ | 评价标准 ||
| ^ | ^ | 工作规范与流程 ||
| ^ | ^ | 教学文件档案 ||
| ^ | 教学质量保障辅助系统资源 | 常用工具与技术 ||
| ^ | ^ | 信息管理系统 | 信息收集子系统 |
| ^ | ^ | ^ | 信息分析子系统 |
| ^ | ^ | ^ | 信息反馈与发布子系统 |
| ^ | ^ | ^ | 信息归档与检索子系统 |
| 教学质量控制集合 | 监控与评价 | 主要针对 | 专业 |
| ^ | 分析与诊断 | ^ | 课程 |
| ^ | 反馈与改进 | ^ | 课程教学 |
| ^ | 存档与研发 | ^ | 实践教学（实验、学习、毕业论文设计）…… |

通过"教学质量控制集合"，以课程为主、辅之以专业、学校二级学院（系）为评价范围，展开监控、评价、诊断、改进方案与措施的实施等一系列质量保障活动。有重点地涵盖学校教学的全过程，所言重点即要遵循"以学生为本，以教师专业发展为主，以课程为核心"的基本出发

点，构建高校教学质量保障体系。

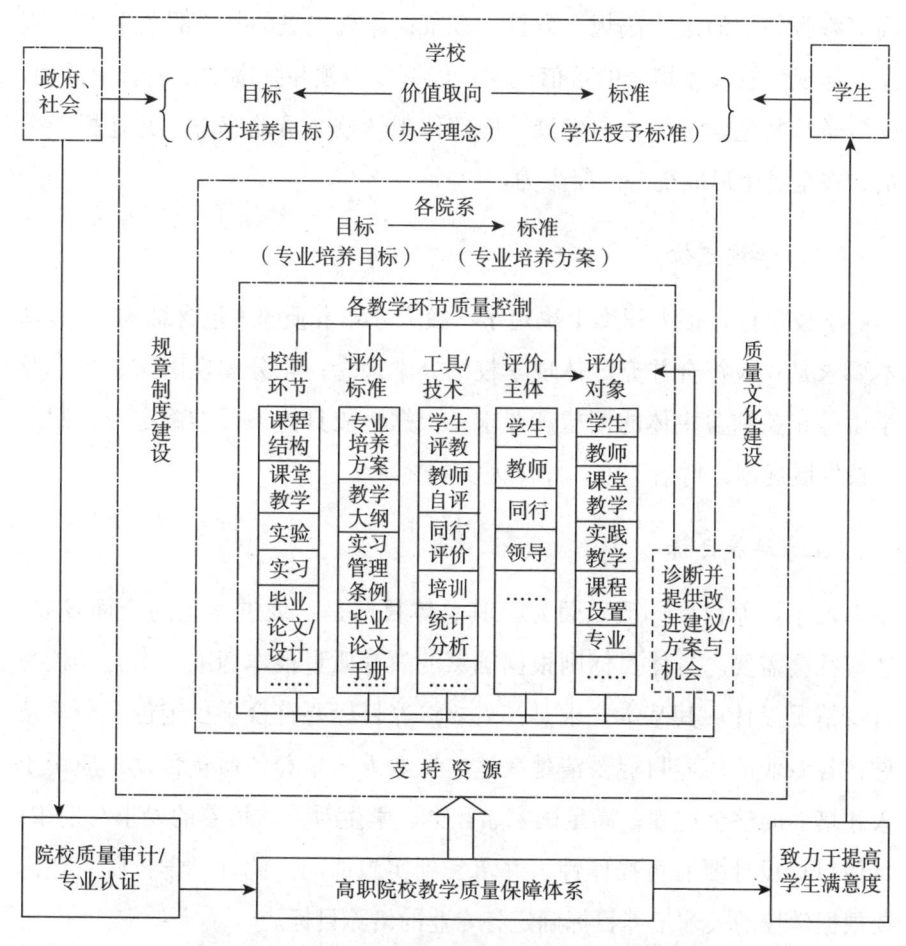

图5-1 高职院校教学质量保障体系基本要素示意图

下面将着重就我国高校内部教学质量保障体系一般模式涉及的四大类26项基本要素进行逐项阐述，以进一步说明教学质量保障工作中对各要素的基本要求或基本功能设置。

## 一、价值取向、目标与标准集合

（一）办学理念

办学理念在很大程度上是高职院校价值取向的表达，其实质上蕴含着为什么办大学、如何办大学的理性思考。其基本要求是：遵循国家在高等教育领域的法律法规、方针、政策；体现先进的教育思想和教育观念，体现学校人才培养的价值追求；能够以引领和统率学校的教学活动，朝着学校特色建设的方向发展；能够体现学校全员的意志，并扎根于全员，在全员中形成统一的凝聚力。

（二）学校定位

学校定位在很大程度上决定了学校人才培养质量（包含结构）。其基本要求是：应符合并充分体现学校的办学理念；充分体现国家、社会及学生等相关利益主体的期望和要求；根据学校具体条件准确定位，制定学校发展规划，付诸实施，并保证实效性。

（三）培养目标

人才培养目标即质量目标。其总体目标是：促进学生的全面发展，适应社会需要。具体目标则根据国家的教育质量根本标准，由各学校视自身情况设计。其基本要求是：人才培养目标要符合学校定位及办学条件；各专业的培养目标要清楚表达本专业人才培养的质量预期；应用于人才培养的整个过程；满足国家、社会、学生对人才培养的要求与期望；具体目标设计要有可操作性，并落实到实施部门。此外，学校院系还需要根据学校的人才培养目标确定各专业的培养目标。

（四）培养方案

培养方案是专业培养目标的具体落实。其基本要求是：培养方案应该符合专业培养目标；能够促进学校专业特色的形成、专业人才培养质量的提高（包含专业结构的优化）、办学效益的提升；具备并有效实施专业培养方案从制定、修订、审批、实施及相关监控制度的规范化程序和标准。

## 二、组织架构集合

在组织结构上具备相对独立的形式要件及相应功能是高校内部教学保障体系的基本要素之一。关于高职院校教学质量保障体系的组织框架，其实质性的组织结构设计及组织内各部门的职能等将在后续具体表述，故在此仅作概要分析。

决策系统在高职院校教学质量保障体系的组织结构中表现为顶层"教学质量保障决策机构"的设置，实际上该系统还包含了学校各部门（如教务处、各院系等）的决策子系统。

决策支持系统在高校教学质量保障体系的组织结构中表现为"决策支持机构"的设置与运行。实践中，还可以包括各决策子系统的相应辅助子系统。是否设计这些辅助子系统，则根据学校规模与事务的繁杂程度而定。

联络系统在高职院校教学质量保障体系的组织结构中表现为学校各部门（如各院系）"联络机构"或"联络组"的设置与运行。

日常管理与执行系统（包括临时项目组）在高职院校教学质量保障体系的组织结构中表现为各部门（如教务处、各院系等）的职能，以及"项目组"的设置与运行。

此外，事实上还存在个别被分解或包含在以上内容中的相关系统，如管理信息系统。这里所讲的组织框架主要基于组织结构，所以不直接表现于组织结构的或独立性弱的系统暂不列入。以信息系统为例，事实上其建设、维护、运行、管理和使用，甚至是其中的某一项，常常被分解在以上各个系统之中，更适合作为教学质量保障体系的一项支持资源，故信息系统将在支持资源部分表述。

## 三、支持资源集合

### （一）显性教学资源

总体上看，显性教学资源是教学质量保障的最基本条件。在实践中，其涉及内容众多，但从对教学质量的影响看，其中一些内容具有主要地位，如师资队伍、生源，课程与专业建设，教学改革，教学基本设施等。对教学资源总体上的基本要求是：教学资源应该保障教学过程中所有环节的需要；应该具备有效的机制，保证教师队伍的素质达到学校实现既定教学质量水平所需；建设符合学校人才培养目标实现所需的课程（含教材）、实验室（实践教学区）和专业，提供丰富的符合人才培养特色的第二课堂及网络教学资源。

### 1. 师资队伍

师资队伍是教学资源中最为关键的要素。其基本内容包括：①师资结构，即各专业岗位的教师比例合理度，专任教师中硕士、博士学历的比例，专任教师的年龄层次结构，主讲教师的资格及教学团队的综合结构等；②师资政策，即教师聘任、晋升的原则、标准和程序，教师在教学方面的责任与激励机制，师资培训的政策与方案等。其基本要求是：师资队伍的数量、结构和素质满足教学任务的需求；具备合理有效的教师考核、评价与激励机制；进行主讲教师资格的认定；具备促进教师专业发展的基本制度、方法、措施及实施条件，有条件的学校还应建设相应的实体机构，如教师专业发展机构，并保障其有效运行，服务于教师的进修和培训。

### 2. 生源

教学活动离不开教与学，学一方面需要教的支撑；另一方面，不可否认其对教的效能的实现或者说其对教学质量影响也不可小视。但从学校作为教学服务提供者的角度出发，科学观察和研究应该如何更好地提高学生学习的主动性、积极性和有效性，增进师生互动，积极主动地引导和支持学生更有效地学习，为学生提供充分、合适的优质学习机会和支持条件，并以合理的方法鼓励和指导学生去有效利用。其基本要求是：招生计划制定与执行程序规范、合理；进行生源质量分析并有效利用分析结果。

### 3. 课程与专业建设

其基本内容包括：课程（包括教材）、实验室，实践教学区、专业、第二课堂及网络教学资源等。课程与专业建设是教学质量保障过程中极为关键的因素，尤其是课程，这是整个教学及其质量保障过程中最基本的、最核心的综合单元，课程结构与各门课程的教学质量在很大程度上决定了专业或学校总体的教学质量。具体而言，专业建设的内容主要包括专业定位、专业特色、课程设置、师资队伍、实验室，实践教学区、实习基地等。其基本要求是：具备专业建设的规划与目标；专业定位合理且具特色；专业课程结构科学合理；师资队伍、实验室，实践教学区、实习基地等满足教学所需；根据社会需求适时进行老旧专业的调整。课程建设的内容主要包括：教学大纲、教材、精品课建设、双语教学、课程评估的方法与机制。其基本要求是：课程建设的各项内容能够满足教学发展的需要；具备课程（含教材）建设的规划与目标；各门课程具备规范的教学大纲；精品教材、精品课的建设过程中具备科学、规范的评价标准、程序及监督与激励措施，其他类似建设（如双语教学）同样应如此。此外，对于实践教学方面的内容，如实验，实践教学、实习、毕业论文设计，基本要求是：实践教学的内容设计符合专业人才培养的要求，体现对学生科学研究与实践能力、创新思维与能力的培养；根据专业人才培养方案实施并验收各阶段或环节的实践教学；具备规范的实践教学管理制度并有效实施。

### 4. 教学改革

教学改革的范围主要包括：人才培养模式、教学模式、课程体系、教学内容、教学方法、管理方法等。其基本要求是：具备明确的教学改革规划与目标，并研制可行的实施方案；采取有效措施促进学校全员参与教学改革的研究与实践，尤其要认真关注学生与教学一线教师的意见与建议；保证相关经费落实到位；具备科学、规范的评价标准、程序与激励措施。

### 5. 教学基本设施

教学基本设施的主要内容包括：校舍状况、实验室及实践教学区状况、实习基地状况、图书馆状况、校园网建设状况、运动场及体育设施。其基本要求是：各类功能的教室充分满足教学需要，其他相关校舍满足人才培养的需要；各类功能的实验室，实践教学区配备完善，功能先进，并能有效利用，满足人才培养中实践教学所需；各类教学基本设施总体上至少满足学生全面发展的基本需要。

### （二）隐性教学资源：校园文化（包括质量文化）

高职院校在教学质量保障体系建设过程中，校园文化作为隐性教学资源对教学质量的形成发挥着重要的影响力，教学质量保障体系建设过程中所需要的质量文化事实上最终也是校园文化的一部分，并且，从最初的形成看，常常是需要在校园文化的土壤中萌发并成长的一棵新枝。就质量文化而言，其内容[①]主要包括：质量目标与质量计划、质量价值观、质量意识和革新意识。其基本要求是：质量文化应该符合并支持学校人才培养目标的实现；具备质量目标与质量计划；从学校领导、教师直至学生的全体人员应该深刻领会并奉行学校质量文化的内涵，并为此制定可行的实施方案。

### （三）教学质量保障的制度规范及教学档案文献资源

### 1. 教学质量保障的制度规范

其内容主要包括：教学质量保障体系建设过程中所需建设的规章制度、评价标准、工作规范与流程。一方面，教学质量保障需要形成相对独立的工作范畴，相关制度与规范的建设是其基本要件之一；另一方面，教学质量保障作为评价的深化、结构化与系统化工作，这些内容建设的充分性事实上也是教学质量保障工作结构化与系统化程度的重要表现，

---

① 陈玉琨. 高等教育质量保障体系概论 [M]. 北京：北京师范大学出版社，2004：38.

也是必要的支撑。其基本要求是：具备教学质量保障相关制度规范建设的总体思路；具备制定、修订、审批、实施、废止、发布和监督各类制度规范的基本原则与规范程序，并为发布与监督提供有效的平台；能及时有效地为质量保障体系建设与运行过程中的新生事物及相关组织制定必要的运行机制要件（如某项教学评价活动的评价标准、评价规程等），能有效保证质量、保障工作的顺利开展。

2. 教学文件档案

其内容主要包括：各类教学文件、教学成果总结、试卷及毕业论文（设计材料）。其基本要求是：具备规范合理的教学文件档案管理制度，如明确存档的范围与要求，确立调阅的规程等；具备科学有效的管理方法与技术，便于检索。

(四)教学质量保障辅助系统资源

1. 教学质量保障的常用工具与技术

通常而言，教学质量保障的常规活动及相应的成熟工具与技术越充分，其结构化、系统化程度越高。这些工具与技术通常与评价或教学质量管理相关，实践中通常没有具体的管理者，之所以将其独立出来，是因为这是教学质量保障体系建设的基本要件之一，虽然不像有形的工具或设备可以由专人或专门的部门来管理，但完全可以由专门的人员或部门来加以收集、指导运用（或推广）和进行各类相关研究，如具体工具的适用性研究或具体质量保障工作的相关工具与技术的选用，也可以在实践中对已有工具与技术加以改良或组合，甚至根据任务需要开发新的工具或技术。从现有教学质量保障或监控的实践看，其内容主要包括：学生评教、教师自评、同行评价、规章制度建设、师资培训、小组工作、统计分析、访谈、调查、试验、外部认证、教学督导制度等。其基本要求是能够有效选择并合理运用教学质量保障的工具与技术；为各项工具与技术的使用建立相应的基本原则、标准和规程，并有相应的监督或信息管理机制；具备自主管理、研究甚至是开发工具与技术的机制与切实措施。

**2. 信息管理系统**

信息管理系统是高校教学质量保障体系的重要支持资源，教学质量保障工作在很大程度上是一项依赖于信息的工作，此工作需要以信息为载体或媒介来执行各项任务。此处所言信息管理系统，实质上就是以计算机信息技术、网络技术和通信技术为支撑的信息管理网络及基础设施，在教学质量保障实践中其建设、维护、管理、运行与使用通常分散于实体组织部门或人员间，如其建设与日常维护通常是由学校的计算机中心进行；而教学质量的相关信息或数据的管理工作，又是根据各部门的职责与权限来分管，有些管理在各院系，有些则在教务处等部门；在使用上，涉众则更是广泛，几乎涉及学校全体人员和校外专家，还涉及校外信息反馈者。

其中最有可能实现统一管理的就是教学质量保障中各类评价、反馈、改进等的基本信息与数据，可由"决策支持机构"和教务处进行统一管理，并开展相应的研究工作。即便如此，这项工作也是此类相关部门的基本职责，故在组织结构的设计上不予体现，除非学校希望独立设置相关部门。但从实践看，总体上这还是作为一项支持资源比较恰当，从机构设计精简有效的原则出发，这完全是学校原有系统中能够嫁接和兼任的一项工作，即建设与维护由计算机中心来负责。信息的访问和使用由各部门及人员根据权限划分进行分配；信息的管理则仅将其中与教学质量评价、反馈与改进等相关的部分统一交由"决策支持机构"和教务处负责（其他各部门或院系分管自己部门的数据或信息，与质量保障体系建设前基本保持一致）。如此，决策支持机构或教务处在管理这些数据或信息的同时，可以进行与之职能高度相关的研究工作。下面主要就可以实现统一管理的这部分信息管理系统加以表述，确切地说，应该是计算机信息管理系统，该系统实质上是教学质量保障工作的辅助工具。

从内容上看，信息管理系统按基本功能可以分为信息收集子系统、信息分析子系统、信息反馈与发布子系统、信息归档与检索子系统。其总体要求是：安全、可靠、快速响应；具备有效的网络调查统计分析辅助工具；具备有效的网络信息发布与交流平台；具备大容量的数据库和快速的信息检索功能。

（1）信息收集子系统的主要功能：为相关主体执行教学质量保障任务（如诊断、分析研究或监督等）提供信息收集的途径或平台，收集教学质量保障工作所需的相关日常教学、评价反馈、诊断结论、改进方案及执行情况、监督反馈等信息。

（2）信息分析子系统的主要功能：为相关主体执行教学质量保障任务（尤其是诊断与研究）提供信息分析的计算机辅助工具，便于针对收集上来的反馈信息或从数据库调取档案信息，进行大批量、复杂的统计分析为主的工作。

（3）信息反馈与发布子系统的主要功能：向有待改进的对象发送改进信息，并按需要与之交流；为向涉众发布学校质量保障工作中的有关信息提供有效平台。

（4）信息归档与检索子系统的主要功能：将信息收集子系统采集的各类信息及基于这些信息的统计分析与研究成果进行分类和存档，建立能够快速检索的数据库，以供研究及相关质量保障工作的调阅之用，这类数据库可以为基准法的运用创造良好的条件。

**四、教学质量控制集合**

教学质量控制集合是教学质量保障体系实施评价、诊断、反馈等一系列具体质量保障措施的核心功能要素集，是教学质量保障体系建设中在活动方面表现最为具体和直接的部分，其与教学质量保障的组织机构一起构成较该系统建设之前变化为最能让人们察觉的部分。作为高职院校教学质量保障体系的基本要素之一，这一集合主要包括监控与评价、分析与诊断、反馈与改进、存档与研发四个部分。各部分作用于教学过程各主要环节或主要因素控制点的质量保障，形成闭合的循环，以保证教学质量的持续改进与不断提高，是教学质量保障任务的关键执行层面。各部分具体功能及基本要求如下。

（一）监控与评价

教学质量的监控与评价主要是在建立和完善各类教学质量保障的规章制度、标准、规程的基础上，形成有效的质量监控与评价机制，并合理建设和有效组织相应的监控与评价小组，以对专业、主要教学环节或主要教学质量影响因素实施有效的监控与评价。其内容主要包括：专业评估、课程评估、课堂教学监控与评价、实践教学监控与评价。其基本要求是：

具备完善的教学质量监控与评价的规章制度、标准及规程，并付诸实施。具体如一些关键教学环节的监控与评价活动的常规化、制度化，建立起各教学环节的质量标准体系，建立科学合理的一整套监控与评价活动的规范与程序。

具备组织监控与评价专家队伍的条件与能力，并满足教学质量控制的需要。如校内要建立一支既深谙教学规律又熟悉教学质量监控与评价方法与技术的专家队伍，同时，也能根据任务需要聘请校外相关专家，建立并维护学校的专家库，并制定选用专家的原则、程序及标准。

具备并合理择用多元化的教学质量监控与评价工具与技术的条件和能力。如在方法上可以采用学生评教、教师自评、同行评价、督导组领导听课、毕业生用人单位反馈等，形式也可多样化，如座谈、网络问卷、现场听课、教学文件档案检查。并且具备各类方法、方式所需要的条件，如科学的本校教学质量调研问卷库、历史教学质量数据或信息的数据库与检索系统等。

（二）分析与诊断

教学质量的分析与诊断主要是基于以上监控与评价所产生的信息，

结合其他输入、过程、输出环节的质量信息，进行科学合理的分析，找出信息反映的问题及其根源，并对此提出相应的改进建议或方案。其分析与诊断的范围主要是同上一环节（监控与评价）相衔接，并同时参考其他输入、过程、输出环节的质量信息。相关分析主要有：输入质量信息（如生源质量）分析、输出质量信息（如就业情况、毕业生及社会对其的满意度）分析、过程质量信息（如试卷及以上监控与评价环节所涉及的内容）分析。其基本要求是定期进行分析，诊断随评而行。即对输入、输出、过程各个环节的质量信息进行定期的分析，并产生分析报告；在监控与评价的过程中，需根据所获信息及相关分析作出诊断，若有需要也可同时结合上述分析报告进行诊断。在分析与诊断的基础上，给出切实可行的改进建议或方案。

（三）反馈与改进

反馈与改进的有效性，尤其是后者的效果是整个质量保障是否有效的关键所在，也是教学质量保障区别于简单的质量监控的显著特征。反馈主要是根据前面教学质量监控、评价、分析及诊断，以改进方案或分析报告的形式进行。反馈的对象主要是教学质量保障管理部门和有待改进主体，随后相关主体也可以根据反馈内容进行交流，避免信息不对称造成障碍。改进即改进建议或方案的实施与相应的验收或监督。对此，一方面待改进主体需要针对改进方案准备切实可行的改进计划，并付诸实施，接受监督；另一方面学校（教学质量保障管理部门）应该为其提供必要的改进支持。其基本要求是：建立预警机制，进行预防性反馈。反馈与改进方案针对性强、切实可行。建议主体与待改进主体间有效交流、达成基本共识。为改进方案制定切实可行的计划，提供必要支持条件，并建立监督机制。完善支持条件。如建设教师专业发展的政策与机构，或寻求外部合作以实现其功能。

### （四）存档与研发

存档即对教学质量控制过程产生信息进行筛选、分类、数字化处理并归档存储，建立教学质量控制信息数据库。研发即科学运用以上信息，继续相关研究与开发，如工具与技术的研发、为教学质量风险管理提供分析报告，等等。这些内容可由"决策支持机构"或教务处来专项负责。其基本要求是具备规范的档案管理制度；具有专业研究人员或队伍，具备各类质量保障工具与技术的择用、研究能力。

此外，就整个教学质量控制过程而言，除了以上各项基本要求，还应具备各阶段有效衔接的机制。

## 第三节 高职院校内部教学质量保障体系一般模式的组织设计

教学质量保障活动要作为一项结构化、系统化地工作开展，需要有一个相对稳定、高效的组织架构作为支撑。在高职院校内部教学质量保障体系的建设中，自然离不开组织设计。本节将主要对高职院校内部教学质量保障一般模式的组织设计的原则、基本步骤以及组织结构的一般模式进行表述。

### 一、组织设计的原则

（1）职能明确与独立原则。即为教学质量保障配备职能明确的组织体系，使教学质量保障的相关活动从以往的教学及教务管理活动中独立出来，形成结构化、系统化、常规化的"工作"，并使得相应的工作及其负责主体具备合法性，权责明确且有制度的规范。

（2）目标与可实现原则。即教学质量保障组织的整体结构及组织内的各机构与职能的设置，应该符合在高校使命与目标的统领下，设计和实施教学质量保障过程中的各项目标，并保证其统一性、明确性与可实现性的要求。

（3）平衡与机动原则。即组织设计既要使得全校各方相关人员全面参与，以保证获得全面、充分、有效的支持，保证教学质量保障的"三全"原则更好地实施。同时，鉴于教学质量保障过程中会遇到一些不确定的项目性工作，故组织设计也需体现一定的机动性。在保持基本形态的基础上，能够根据质量保障工作中各类任务及环境变化的需要，机动调度和组织所需资源与人员，服务于教学质量保障。

（4）精简与高效原则。即组织设计要尽可能精简，避免因教学质量保障活动产生多余的机构或岗位。在设计中，首先，要尽可能考虑校内原有机构中是否存在兼办的可能（教学质量保障组织独立的顶层机构设置除外）；其次，应有效利用项目组、矩阵、网络等各类组织结构形式的优点，保持机构与人员的精简且有效实现工作目标；最后，需考虑避免工作的重复环节。高效是任何一个组织管理所追求的，既要前者的支撑，也需要考虑组织内机构与人员的明确分工与有效协作。

（5）人本与沟通顺畅原则。教学质量保障工作中，有两个突出特点：一方面，这主要是人与人打交道的工作，是服务于人的发展的工作，所涉及的主体是教师和学生。在保证和提高教学质量的过程中，要以人为本，充分尊重人，充分发挥人的作用，充分考虑人的发展。另一方面，这是一项基于评价、诊断与持续改进的工作。质量保障中的重要工作载体或媒介就是各类"信息"，一切工作基本都是围绕"信息"展开的，组织需要为之提供顺畅、有效、安全的沟通渠道。

（6）因校制宜原则。在实际运用中，组织设计一方面要体现其工作职责的结构化与稳定性；另一方面，也需考虑具体学校的实际情况，如学校的规模、原有的组织结构与职责分工、学校之前在教学质量监控方面的基础等。

## 二、组织设计的步骤

高职院校进行教学质量保障体系组织设计的基本步骤（见图5-2）具

体如下。

（1）明确组织的价值取向与目标。这是进行组织设计的基本出发点。就学校而言，首先应深刻理解和明确自身的办学理念、学校定位、人才培养目标、教学质量保障的目标等内容，这是组织是否有必要存在的第一要务。对此，需要基于学校开展质量保障工作的内外部条件与环境的综合评价，合理确定其总体目标与各项可预见的常规化工作目标。

（2）明确工作内容与要求。学校应在明确目标的基础上，判断、筛选与归纳所需工作的内容，明确各项工作的要求或标准，判断各项工作开展所涉及的覆盖面与工作量，并进行业务流程的总体设计。

（3）确定组织结构。即根据教学质量保障的工作特点、工作内容及大致工作量等，对已知的组织结构形式进行有效选择、改良或组合，尽可能为其量身订制，以更好地运行与实现组织目标。实践中，学校应在考虑学校规模、条件、性质及学校原有组织结构的特点与职能分布等情况的基础上，根据教学质量保障的具体工作特点、工作内容、工作量、可获得资源等实际情况加以确定。

（4）人员配备。即根据各组织单位（包括实体和非实体的单位）的工作性质与要求，选择、配备符合岗位要求的固定或兼职工作人员，明确他们的工作职责及人事关系。

（5）明确组织内单位的权责。根据教学质量保障的总体目标、各单位及其各项事务的具体目标，确定各单位及人员的相应权责及绩效考核标准。

（6）形成组织的运行机制。即通过确定各单位及工作人员间的相互关系，为之构建一套相互协作、进行信息传递与交流的基本原则和方法，使整个教学质量保障组织成为一个以实现其组织目标为努力方向而协调、有效运转的系统。

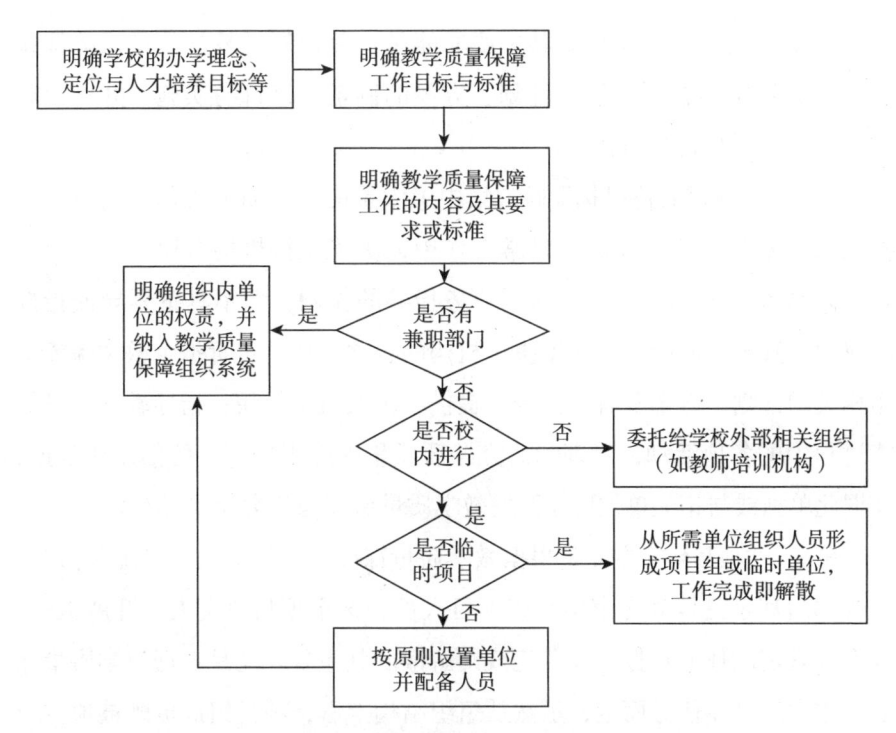

图5-2　高职院校教学质量保障体系组织设计流程图

### 三、组织结构的一般模式

鉴于教学质量保障工作需要依赖于各类评价、诊断与改进，而这些活动的显著特点即表现出很强的项目性。为此，在组织设计中以矩阵组织为主，一方面适应于我国高校普遍采用的直线职能制组织结构；另一方面也使教学质量保障的项目性特点得到较好的满足。此外，也更好地体现教学质量保障的全员参与原则。同时，考虑到此工作的专业性，需要高层次、专业化的专家智囊作为有效补充，故在组织结构中引入了网络外专家的表达。设计我国高职院校内部教学质量保障体系组织结构的一般模式（见图5-3），组织内各机构的人员配备及职能等具体说明如下。

第一，"教学质量保障决策机构"通常由分管教学的副校长带领，其余人员为来自各部门的负责人代表。学校教学质量保障体系的各项建设与运行由该机构统筹领导。其主要职能是：负责领导教学质量保障体系建设和运行中的各项政策、计划，方案的制定、修订与实施，并作出相应的决策，对执行进行监督。

第二，"决策支持机构"通常集中了大量的方案研究工作，为决策机构提供有效的参考方案。在日常工作中，决策支持机构对项目组、教务处、院系等其他部门，主要起到业务指导的作用，但不具备领导或指挥的权力。其主要职能是：协助决策机构的各项工作，负责拟定教学保障工作相关的计划、方案及有关指令，提供给决策机构择用；指导教学质量保障过程中的各项活动；管理和研究各项质量保障工作产生的信息或数据，并据此单独或与相关单位协作开发教学质量保障的各类计划与方案。

第三，"项目组"主要是根据教学质量保障具体任务的人员配备需要，从各部门甚至是校外专家中组织项目人员，选定项目负责人，开展工作，以实现既定的任务目标，任务完成即解散。其主要职能是：据教学质量保障工作中的具体任务而定，虽然从组织结构上看，项目组成员既被项目组负责人领导，也受原部门领导。但需要注意的一点是，在项目任务范围内的事务上，其应该仅受项目组负责人领导，以避免过多的干预，对此应该写入诸如教学质量保障活动项目组工作规范中，并与各部门达成共识。

第四，教师是教学及教学质量保障的重心所在。教学质量的保证和提高，从学校提供教学服务的角度看，教师的专业素养能够得到保证和促进是极为关键的，这也是教学质量保障的必经之路。鉴于此，在组织结构一般模式中加入了此项。在学校的教学质量保障体系建设中，建议具有一定规模的学校有必要设立专门的教师专业发展机构，具体名称不是关键，重要的是其需要有效承担起新老教师专业培训与促进的职能。若有可能，还可以在校际间以各自的专业特长进行交换培训等。而规模较小的学校，考虑到建设与运行的经济性，可以采用多种途径解决此问题，如多校联合建设、委托外部（包括兄弟院校）的相关机构等。其主要职能是：新教师的岗前培训；对教师的教育学专业培训；教师在新的教学工具或设备运用中所需的培训；教师在教学质量保障工作中发现需要进修或提高的相关内容；教学、教育领域新的理论、方法、技术的专家讲座或交流活动的开展等。

第五，"网络外专家"主要是学校根据教学质量保障工作的需要，以顾问或临时聘请的形式，邀请校外的相关专家对教学质量保障工作进行指导，或参与具体项目的评价与诊断。

此外，从我国高校传统的教学管理看，大量的教学管理工作集中于教务处，使之在教学管理和质量监控方面具备工作的基础。在教学质量保障组织系统中，教务处更有可能承担较多的组织或管理事务。为此，对于教务处而言，一方面要发挥好固有优势；另一方面也要注重加强项目相关单位的积极性，互为协作、互为补充地开展教学质量保障工作。

各院系内部也可设立诸如"某院系教学质量委员会"之类的决策指挥子系统，负责院系教学质量保障。另外，各部门联络组、机构通常以兼职的形式存在，若学校规模大，部门内质量保障事务相对多，则可设专职人员。

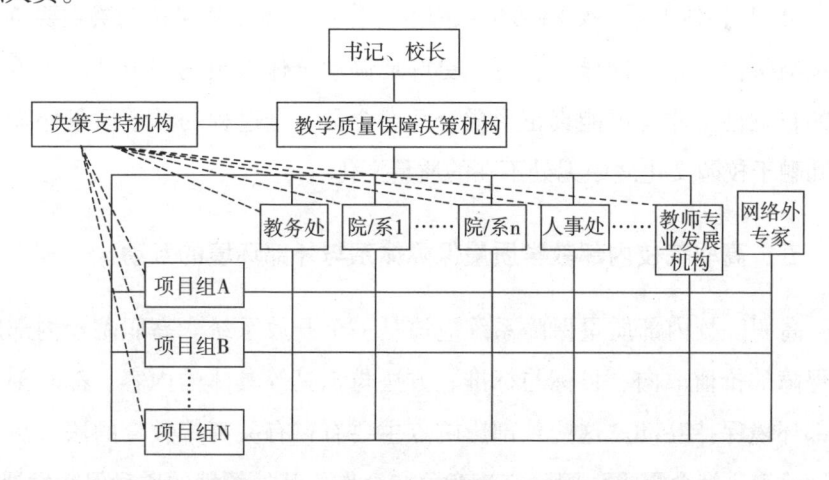

**图5-3 高职院校内部教学质量保障体系组织结构的一般模式**

注：教务处、院系等部门内部也可根据现实需要设置常设单位（如质量保障工作联络组、机构，但通常是部门内人员兼职即可，也可设立院系级别的教学质量保障决策指挥子系统），此图未予以体现。

### 四、组织设计中需要注意的几个问题

(1)决策机构在学校组织结构中的位置务必要高,以体现领导重视,更好地统领教学质量保障工作,协调教学质量保障工作与其他教学及管理工作中各类目标的一致性,也使教学质量保障为全体部门及人员所重视。

(2)组织结构的层次不宜过多,尽可能实现扁平化,以保障沟通顺畅、及时,提高教学质量保障的效率。在此基础上,要设置固定机构(如决策支持机构),及时收集、分析和研究各层教学质量保障工作中的各类信息存在的问题或取得的经验,为问题研制解决方案,将成功经验进行推广。

(3)组织内各机构(尤其是决策机构、决策支持机构)及项目组的人员组成要体现广泛性,专业互补,集思广益,提高工作效率。同时,鉴于人员来自多部门,也需注意其稳定性与工作秩序的维护,避免权责不清、管理秩序混乱导致的效率低下。

(4)从整体上看,要将质量保障的工作重心落在基层,上层主要负责决策与价值引领。这样才有可能更好地调动全体人员的积极性,培养大家的自觉性,才有可能真正形成全面、全员、全过程的教学质量保障局面和融于校园文化之中无处不在的质量文化。

### 五、高职院校内部教学质量保障体系与外部环境的互动

高职院校内部质量保障系统应该是一个开放系统。高职院校内部质量保障的价值取向、目标与标准、方法与工具等具体的内容,都时刻与外部环境保持互动。这些外部影响点主要有:有关高等教育的法律法规方针政策,社会需求,国际交流竞争与合作,其他领域的质量保障发展。

从这些影响点与高校质量保障体系的互动内容看,各有侧重。

(1)高校质量保障与政府有关的高等教育的法律法规、方针政策、资

源配置等方面的互动主要表现于：①政府在这些方面对高校质量保障体系的影响，主要是通过质量保障的上层建设以达到对之其余方面的宏观调控。所谓的上层建设即高校质量保障的价值取向与具体目标，以及学校高层领导的重视程度与高校质量保障最高组织机构在学校组织结构中的位置。②高校或整个高等教育领域也通过其自身质量保障来影响政府在这方面的决策，如高校若能在质量保障上有效行动，政府则会适当减少干预，愿意投入更多资源。

（2）高校质量保障与社会需求间的互动主要表现于：①来自社会各界对高等教育质量保障的需求与要求，包括来自教育消费者、用人单位、投资或捐赠者等主体对高校人才质量与结构的需求，同时也涵盖了所有来自社会的基本问责。②高校除了要主动了解与分析社会显性需求，以质量保障回应社会问责，还可以通过高校质量保障在一定程度上对社会需求起引领作用。高校作为文化、知识传播与智慧聚集的中心，不但要了解社会当前显现的需求，在面向社会办学的过程中，还应该主动承担起发现社会潜在需求的责任。一方面引领社会进步；另一方面也为自身的人才培养主动创造市场需求空间。尤其是在一个需要以更多的创新来推动社会进一步更好更快地发展的时代与国度，这也是大学应该积极承担的历史使命。

（3）当高等教育外部质量保障体系建立，并在很大程度上成为政府、社会和高校间的重要"缓冲"，使政府和社会，乃至国际的影响多了一条与高校内部质量保障系统互动的重要途径。此时，高等教育外部质量保障系统代表各利益相关主体，通过其各项质量保障或评价活动（如质量审计、评估、专业认证等）更为直接地影响着高校质量保障体系的建设，而高校则较以往更多地通过外部质量保障系统向政府和社会各界传递自身的质量保障信息，并获取外部反馈信息。

（4）高校质量保障与国际环境的互动主要表现于：国际间在高等教育质量保障领域、在高等教育市场上的各种交流、竞争与合作。西方一些国家高等教育及其质量保障运动的发展毕竟走在我们的前面,也积累了更多的经验。我国高校教学质量保障体系的建设,既要考虑基本国情,也必然需要有选择地合理借鉴这些经验,也许别国也在研究和借鉴我们的经验;同时,在高等教育市场全球化趋势下,国际间高校"竞合"(竞争与合作同存)的广度和深度将不断推进。特别是合作,需要有最基本的平台——在质量标准、质量保障程序与方法、工具上达成基本共识,这是需要大家沟通与协调的。在此过程中,质量保障各方面的互动也就表现得更为明显。

此外,高校质量保障与其他领域质量保障的互动更主要的是表现出工具性的特点,即高校质量保障更多的是移植、嫁接或改良其他领域(如工商界)质量保障的模式及其内在的结构化程序、评价(测量)方法与工具等。同时,虽然目前未闻高等教育领域质量保障方面有什么内生的方法被其他领域所借鉴,但随着高等教育质量保障的持续与发展,或许有一天会产生让其他领域关注的模式、方法或工具。

# 第六章

## 高职院校质量保障体系的比较研究

发达国家在实践中不断改革和改进,已形成了比较完善的高职教育质量保障体系。我国也相继颁布了一系列的关于高职教育质量评估的政策文件,制定了质量评估的指标体系,但由于我国高职教育起步较晚,理论研究正处于不断探索的阶段,高职教育质量保障体系仍存在一定的不足,为了弥补这些不足,我国须借鉴国外的先进的、成功的经验。本章通过对发达国家高职教育探讨和分析,对我国高职学校质量保障提出了相关建议。

## 第一节 高职教育质量保障主体比较

高等教育质量保障,就其过程而言,是各价值主体通过控制教育资源表达并力求实现其高等教育利益和质量诉求的一种实践活动,而高等教育质量保障主体则是指为了实现自身的高等教育利益和质量需求,直接或间接地参与高等教育质量保障活动的团体、组织或个人。在高等教育质量保障体系中主要存在3种价值主体,即国家、社会(市场)和院校。由于各价值主体所代表的利益的差异性,使不同主体在高等教育的价值认识和价值评价上存在不一致,从而导致了不同主体之间的价值冲突。这种冲突具体表现在各主体的高等教育质量观和质量保障主张上。价值冲突的存在反映了各主体价值取向的局限性。利益的差异和主体价值取向的局限性说明协调多元主体之间的价值冲突的必要性。[①]这就需要有一种力量能充分协调好各主体之间的价值冲突,从而更有效的保障高

---

① 林正范. 高等教育评价中多元价值取向之间的协调原则[J]. 辽宁高等教育,1999(4):32.

等教育质量。

教育界和学术界根据国家权力、社会(市场)和院校自治权力3种力量在质量保障体系中发展作用的方式和程度的不同,从质量保障主体的角度出发,将当前发达国家的高等教育质量保障模式分为三大类型即大陆模式或政府部门主导型、英国模式和美国的社会中介组织型。高等职业教育是高等教育的重要组成部分,其质量保障活动也包含在高等教育质量保障体系中,但由于高等职业教育鲜明的职业性、行业性和实践性等特点,使其有别于普通高等教育。因此,发达国家在具体实施质量保障时,高等职业教育的质量保障机制与普通高等教育质量保障机制存在一定的区别,这主要体现在质量保障主体方面。本文以高等教育质量保障体系为依据,结合高等职业教育的本质特征,将高等职业教育质量保障主体分为三大类,即政府官方型主体,民间、非官方型主体,多元型主体。

### 一、政府官方型主体

所谓政府官方型主体是指在高职教育质量保障活动中国家权力起主导作用,由政府部门或与政府部门有隶属关系的评估机构负责组织实施高职教育的质量保障工作。政府是主体,教育行政部门集审批、决策和监督权于一身,对高职教育质量进行直接控制,而高职院校只是具体执行法律所规定的原则和教育行政部门的各项政策和行政命令,学校的自主权有限。质量保障的每个方面,从机构到运行规则、人员配置等都无不凸显出政府在质量保障活动中的主体地位。政府官方型主体的主要代表国家:法国和德国。

(一)法国

法国在政治上是典型的中央集权国家,在这种体制下,教育被看成是国家的事业,由国家教育部统一管理。

### 1. 法国高职教育简介

法国高等职业技术教育机构主要有高级技术员班和附设在大学的短期技术学院。高级技术员班成立于1954年，由政府在条件较好的技术高中（相当于我国中专）中创办，其性质属于短期高等教育，目标是培养高级技术员。短期技术学院（IUT）是在法国经济的迅速发展而引发的现代化生产和社会经济部门对大量熟练的、能进行独立操作的高级技术人才的急切需要的背景下应运而生的，均为公办，一般附设于综合性大学内，学制为两年，其目标与高级技术员班相同，均为培养高级技术员。虽然法国的大学教学是自治，但短期技术学院在管理上是独立的，直接隶属于教育部管理，从招生办法、学习安排、实际训练到考核制度等都由教育部严格规定。

### 2. 质量保障机构：国家评估委员会

1984年，法国总统宣布设立国家评估委员会，1985年开始运作。1987年颁布的相关法律明确规定，国家评估委员会是一个相对独立的国家行政权力机构，其使命是对法国教育部所属及其他部委所属的所有科研、文化和专门职业高教机构进行质量评估，其评估报告呈送总统。国家评估委员会的运作经费由国家财政拨款，委员会的全部成员均由共和国总统提名，政府通过国家评估委员会统一控制全国高等教育评估活动。1985年颁布的《萨瓦里高等教育法》规定，高等职业教育机构须接受国家评估机构的评估。国家评估委员会负责高职教育的评估工作，内容主要包括院校整体评估与专业评估。

法国政府与高职院校之间实行"合同制"——一项将评估与拨款紧密联系在一起的制度，该合同是政府与高职院校就学校的发展计划进行研究、商讨，并达成一致后签订，合同每4年签1次。在合同快到期时，国家评估委员会代表政府对高职院校完成合同的情况进行评估，评估的结果决定政府是否与高职院校签订新合同以及向高职院校的拨款额度。国家评估委员会所执行的评估标准来自合同中的各项计划指标。

**3. 特点**

第一，法国高职院校质量评估具有强制性，附带强烈的官方色彩。不是出于高职院校自主、自愿的行为。第二，执行统一的质量衡量标准。国家评估委员会的质量衡量标准是依据政府与高职院校在签订合同时共同研究、协商制定的计划指标体系，进而形成全国统一的质量指标体系，在保留高职院校办学特色的同时促进高等职业教育质量的提高。

**（二）德国**

德国对高等教育的管理实行联邦制，除几所私立、教会办的大学、联邦国防军的大学和联邦行政专科大学外，其他高校都属于联邦各州。

**1. 德国高职教育简介**

德国高等职业教育机构分为高等专业学院和职业学院两类。高等专业学院属于本科层次的高等职业教育，是德国高等职业教育的主体。1981年德国科学评议委员会把高等职业学院定位为与大学等学术型高校"不同类型但是等值"的高等院校。1985年修订的《联邦德国高等教育总法》也明确规定："不同的高校形式作为不同类型的高校体系中等值的要素而相互存在。"高等专业学院的学制为四年，其基本任务是在科学和艺术基础上对学术进行理论与实际紧密相连的教育，其要求学生具有使用科学知识、方法或艺术创造的能力，为今后的职业生涯作准备，目标是培养工程师。职业学院学制三年，培养目标与高等专业学院相同，主要是为企业培养工程师，教学模式采用"双元制"的形式，即学院与企业合作共同实施教学任务。早在1974年德国南部的巴符州的许多著名企业联合当时的巴符州管理与经济学院，创立了职业学院（BA），这是一种校企联办，富有特色的新型高等学校。

**2. 质量保障机构：各地区性评估中心**

在德国，联邦政府从宏观上制定各州都必须遵守的高等教育方面的法律法规（如《高等学校总纲法》），各州政府根据联邦法律具体制定本州高等教育的法律法规并实施监督，通过州文教部或高教局等执行部门对本州高校实施外部的质量监督，同时各州成立的本州和跨州教学评估机构则负责本州的高等教育质量评估。具体实施高校质量评估是德国各地区评估中心。1994年德国成立了第一家高校教学评估机构——北德大学联盟（Northern Association），是一个跨地区的大学评估网络，该联盟成员由汉堡州、不来梅州、不荷州、梅前州6所高校组成。1995年，下萨克森州的大学联席会议成立了下萨克森州高等学校评估中心（ZVEA）等，负责本地区或本州的高等教育质量评估。北莱茵—威斯特法伦州评估站于1997年成立，该评估站有两个分支机构，一个负责对大学进行评估，另一个负责对高等专业学院进行评估。各评估机构依据由HRK（高等学校校长会议）的质量保障计划和认证委员会（负责新学位课程认证，是HRK的下属分支机构）制定的统一的质量标准框架，根据地区或州高等学校的实际情况制定相应的规则和标准。

评估内容涉及：院（系）的使命、远期和近期目标、机构的背景、专业培养计划的组织和结构、课程、教学研究的完成、考试的组织、学生建议、对学生的监督、毕业生的就业情况、外部关系等。此外，一些基本数据也被考虑在内，如新生的人数、新生的入学条件、论文的数量、毕业生的数量、师生比、基础设施等。

3. 特点

第一，地区性评估认证机构在遵守统一标准的前提下，可根据本地区或州高校的实际情况制定相应的规则和标准，这在客观上有利于各州或地区性评估和认证机构从本州或地区高校的实际出发来进行有区别性的质量监控，为各州或地区进行质量管理提供了较大的灵活性。第二，评估内容涉及面广，不仅涉及院校整体评估和教学科研管理，还对课程、专业培养计划进行评估，同时还将有可能影响高等职业教育质量的因素考虑在内，如师生比、毕业率、新生的入学质量等。

### （三）法国与德国的教育比较

法国与德国的高等职业教育质量保障主体均为政府，所不同的是一个是中央政府，一个是州或地方政府。在法国，具体实施质量保障活动的机构是由中央政府设立的全国唯一的国家评估委员会为主导，德国则是由州或地区政府设立的各具特色的地区性评估机构各自负责本州或地区高校的质量保障。两国都有全国统一的质量标准框架，在法国，不同地域的和具有不同发展特色的高等职业教育机构采用的是由国家评估委员会制定的全国统一的质量标准，忽视了由不同的地域特点和经济发展水平给高职教育发展带来的差异性。而在德国，各地区性评估机构在统一的质量标准框架下，有权结合本地区的特点，从实际出发制定具体的规则和标准，各地区性评估机构具有自主权，质量评估也呈现出地方特色；德国高等职业教育质量评估涉及的内容较法国全面，法国的质量评估主要是院校整体水平评估和专业评估，而德国不仅包括这两项，还包括对课程、学生质量和科研等方面的评估。

## 二、民间、非官方型主体

所谓民间、非官方型主体是指在高职教育质量保障活动中，政府、高校和社会以市场为中介实现其各自的质量需求。质量保障的主体是以市场为媒介的社会力量，实施质量保障活动的机构是社会非官方机构或由行业协会（组织）成立的民间的专业机构。政府间接地对高等职业教育质量进行宏观调控。民间、非官方主体的代表国家主要有美国、澳大利亚和新西兰。

### （一）美国

分权化和多样化是美国高等教育体制的明显特征。美国高等教育已发展成一个多类多层次的、竞争的、非中央集权管理的世界上最庞大的体系。学校拥有相当大的独立性和自主权，不受国家的控制和影响，全国高校都按自己所选择的方式面向社会的需求办学。克拉克指出:"在世界上几个主要的先进国家的高等教育系统中,美国的系统是最缺乏组织的,几乎完全是一种相互之间自由竞争的机构。"①市场竞争机制已完全渗透到美国高等教育系统,虽然存在政府的干预和调控,如通过拨款、立法等,但在国家与市场之间,高等教育更偏向市场。

### 1. 美国高职教育简介

社区学院(Community College)是美国实施高等职业教育的主要机构,距今已有100多年的历史,如今,全美国有40%的大学生在社区学院就读,人数超过1000万。截至2002年,共有1711所社区学院分布在全美各州。美国社区学院的学制一般为两年,除部分学生毕业后转入四年制普通大学完成本科教育外,主要是培养实用技术型人才,为社区人员的生活、就业和社会经济发展服务。

### 2. 质量保障机构:民间的、教育行业自律的各类认证机构

在美国的高等教育质量保障体系中,联邦政府和州政府发挥着有限的、间接的管理作用。联邦政府通过颁布教育法令和拨款等途径,保障高等教育质量,如1965年,国会通过的《高等教育法》,这是美国历史上第一部高等教育法,其建立了联邦学生贷款计划等多项制度。州政府则通过对举办者的办学资格进行审核,合格后签发特许证,州内的所有高校须先获得特许证,才能授学位和证书。两大政府皆不直接参与评估政策、评估标准的制定以及具体的评估活动,真正主导质量保障活动的是民间的、非盈利的认证机构,正如某些教育家评价的那样,认证机构发挥了"相当于其他国家官方管理教育的部门"的作用。②认证制度是美国高等教育质量保障体系的重要组成部分,是保证和提高高校教育质量的主要途径,是以高校自评和同行评估为基础的管理模式,它包括"院校

---

① [美]伯顿·克拉克.高等教育新论——多学科的研究[M].王承绪,等译.杭州:浙江教育出版社,1988:117.

② 符娟明.比较高等教育[M].北京:北京师范大学出版社,1988:541.

认证"和"专业认证"两种形式，认证机构分为地区性认证机构（Regional Accreditor）、全国性认证机构（National Accreditor）和专业认证机构（Specialized Professional Accreditor）。

地区性认证机构是指按新英格兰地区、中部地区、南部地区、中北部地区、西北部地区和西部地区设置的单位认证机构。这6个地区的大学和学院按照地区归属组成了6个地区性院校协会，6个地区性院校协会下设8个院校认证委员会，如新英格兰院校协会的技术与职业学院委员会、西部院校协会的社区与初级学院认证委员会等。

目前，全国性认证机构有8个，包括独立院校认证委员会（ACICS）和远程教育与培训认证委员会（DETC）。全国性和地区性认证机构实施是院校认证，每个认证机构均制有自己详细的认证指标体系，对学校的整体办学水平进行认证，其认证结果也可作为联邦政府对高校发放政府补贴的参考。由于某些特定行业要求从业人员持有专业的执业资格证书，而此类证书只发放给那些经过专业认证的专业毕业生，因此，开设有相关专业的高职院校须接受专业认证机构的专业认证。

专业认证机构是经美国教育部或高等教育认证委员会认可，对高校的某一专业或学科进行评估的私营、非盈利组织。高校一般在申请地区性认证之前接受专业认证。以上三类认证机构均属民间、非盈利机构，主要由高等院校和各专业协会自发形成，其组成人员来自高校的校长、教授、学科专家、研究机构的学者、雇主代表等，机构运作经费不受国家的拨款资助，由接受认证的高校负担工作费用。

3. 特点

第一，美国的高职院校参与认证是出于自愿的原则，而非执行教育行政主管理部门的行政命令。高职院校参与质量保障活动的原因是：认证地位的获得有助于在激烈的教育市场竞争机制中争取到或吸引足够的生源，得到社会和同类院校的认可，拓宽自筹资金的来源，获取更多的外来投资，以促进高等职业教育的健康发展。第二，美国的认证机构既不从属于某些社会团体或个人,也不受控于高校,更不隶属于某个政府部门,是由高等教育行业自发成立的民间的机构,是一种中介机构,为政府决策和高职院校的质量保障提供服务,并通过行业协会进行自我质量管理,呈现出鲜明的教育行业自律的性质。

### (二)澳大利亚

在澳大利亚的高职教育管理体制中,联邦政府的职能主要体现在以下几个方面:为各州和地区政府拨款;参与制定国家职业教育与培训政策;由联邦政府部门负责管理的项目;管理新学徒项目;管理新学徒项目奖励基金和新学徒培训中心。而州和地区政府则主要负责监督和领导职业教育与培训工作和管理本州的职业教育与培训体系,是公立技术与继续教育学院的拥有者。

**1. 澳大利亚高职教育简介**

在澳大利亚,实施高等职业教育的机构是技术与继续教育(TAFE)学院。TAFE学院有两种设置模式:一种是独立设置的TAFE学院,绝大多数属于这种模式;另一种是附设在大学里的TAFE部。TAFE学院是澳大利亚最大的以行业为主导的政府、行业与学校相结合的、相对独立的、多层次的综合性职业教育与培训机构。TAFE学院分布在全国各地,学生入学方便,课程灵活,开设了部分时间制课程、全日制课程、工读交替制课程、函授课程和企业学习日课程。TAFE学院的课程设置和开发须严格依照由国家各个行业培训咨询委员会确定,并由澳大利亚国家培训局审定后颁发的行业培训包(Industry Training Package)。为了推动职业教育的发展,吸引更多的企业与行业投资职教,以及不断提高职教教育质量,澳大利亚也将市场竞争机制引入了职业教育。

**2. 质量保障机构——国家培训局全国培训质量委员会**

澳大利亚国家培训局(Australian National Training Authority,简称ANTA)是国家法律授权的国家级职业教育与培训的管理主体,主要职责如下：健全全国质量体系和支持职业教育与培训质量制度的落实。其理事会成员由7个行业代表组成，其中包括理事会主席，成员中既有雇主代表，也有雇员代表。国家培训质量委员会隶属于澳大利亚国家培训局理事会，由雇主、雇员、州和联邦政府代表组成，其主要职能是：制定政策，确保职业教育与培训满足岗位需求；批准设置职业教育与培训学历；监督职业教育与培训机构、职业教育与培训系统的整体教育质量。

国家培训质量委员会执行的质量标准来自澳大利亚质量培训框架。2001年，霍华德政府为了不断提高职业教育的办学质量，使职教更好地为经济服务，决定形成全澳统一的职业教育与培训办学标准，以提供优质的职业教育与培训服务，故受国家培训局的委托，国家培训质量委员会与各州（领地）政府、职教管理机构和行业企业合作，对原有的职教质量控制体系——澳大利亚认可框架（Australian Recognition Framework，简称ARF）作了彻底的修订，并更名为澳大利亚质量培训框架（Australia Quality Training Framework，简称AQTF）。AQTF主要有两套质量标准：一是注册培训机构（RTO）审核标准，该标准用以保证职业教育与培训和考核的质量，以及所有注册培训机构及其颁发的学历证书在全国范围内获得认可；二是州（地区）注册课程认证机构（CAB）审核标准，该标准用于审核注册培训机构，批准课程设立，核查培训机构运营情况。

3. 特点

行业在高等职业教育质量保障活动中起主导作用。从质量保障的整体框架（国家质量培训框架）到课程设置标准（行业培训包）、机构注册标准以及课程认证标准，无不是由行业企业协会制定或是由行业代表组成的机构与高职院校共同制定，这样既加强了高职院校与行业企业之间的联系，又能使高职院校所培养的人才质量达到企业和社会用人单位的要求，人才实际操作技能满足时代的要求。

## (三)新西兰

### 1. 新西兰高职教育简介

新西兰提供高等职业教育的机构有三类：第一类是国有的多科技术学院，由政府提供资金和补贴，提供广泛的以工业和职业为基础的高职教育，许多多科技术学院还提供学士学位课程；第二类是私立高等教育机构，教学质量高，学费昂贵，设置的课程在设立和开课时必须符合严格的质量标准，才能得到新西兰学历权威机构的认可；第三类是私立培训机构，须经过注册登记，所提供的课程经过新西兰学历权威机构批准，以保证教学质量。在这三类中，多科技术学院的规模最大，在校生数量最多。多科技术学院入学条件和课程安排灵活，有全日制和非全日制的课程，毕业后可获得职业证书、毕业文凭、研究生证书和毕业文凭（研究生课程适合于已学过大学课程或有同所学课程相同或相关领域经历的人）、学士学位证、国家职业证书和国家毕业文凭。

### 2. 质量保障机构——多科技术学院协会

多科技术学院协会（The Institute of Technology and Poly-technics of New Zealand）是一个代表全国19所多科技术学院的民间组织，下设质量委员会，接受新西兰学历资格署（New Zealand Qualification Authority，其是为政府提供咨询的法定机构，受教育部委任，向议会负责，最高管理机构是教育部委任的董事会，董事会代表企业界、教育界和社会各方的利益，其主要职责是负责国内外的学历资格认证，保障学术资格的质量水准）的委托，负责多科技术学院的课程审批、机构认证和质量审计。多科技术学院协会颁布了一套学术质量标准为评估多科技术学院的最低要求，该标准注重学术方面的质量，而非学校的管理等其他方面的质量，如2004年最新修订的学术质量手册中的质量标准包括：学校的学术质量管理；学历资格和教育计划的制定和检查；财政；教师的遴选、评价和发展；课程教学、成绩报告和证书、科研、内部审计和检查等。

### 3. 特点

新西兰多科技术学院的质量保障由代表多科技术学院共同利益的、民间的、教育行业协会——多科技术学院协会全权负责，政府不直接参与质量保障活动。协会在参照统一的新西兰学历资格框架的前提下，有权自行制定进行质量评估和认证的规则和标准，体现了行业协会的主体地位。

### （四）美国、澳大利亚和新西兰的教育比较

第一，美国、澳大利亚和新西兰实施高等职业教育质量保障的主体均为民间的、非官方的主体，质量保障机构均为非政府的民间机构。所不同的是，美国和新西兰两国是以高职院校联合组成，以高职院校的自身发展特点和利益为基本出发点的教育行业组织（或机构）为质量保障主体，质量保障活动呈现的是教育行业自律的性质；而澳大利亚则是由代表行业、企业、高职院校共同利益的民间行业协会为质量保障主体，质量评估和认证的规则和标准均由行业代表机构制定，目的是加强高职院校与行业企业之间的联系。

第二，澳大利亚和新西兰所采用的高等职业教育质量标准框架是全国统一的，澳大利亚的质量标准框架由国家质量培训框架统一规定，新西兰则是由多科技术学院协会参照国家学历资格框架而制定的全国统一的质量标准手册，这样有利于维持高等职业教育质量的基准。而在美国，由于实施质量保障活动是各地区性认证机构，质量认证标准是由各地区性认证机构结合本地区的特点而制定，因此，由于地区不同而呈现出不同的质量标准体系、有可能出现全国的高等职业教育机构由于地区不同而出现质量高低不一。

## 三、多元型主体

所谓多元型主体，是指政府、高校和社会力量都有参与到高等职业

教育的质量保障活动，政府和高校基于一定的共识，通过协商达成在高等职业教育质量保障中的合作关系，即高校负责其自身内部质量保障，并将此作为自身的一项义务和责任，而非为应对政府外部质量控制的被动采取的行为；政府则负责高等职业教育的外部质量保障，社会力量则从民间的立场出发，通过新闻机构和民间组织对高校进行民间的监督和评估，以促进高等职业教育质量的提高。

多元型主体主要代表国家是英国与日本，现分析如下。

（一）英国

英国的高等教育发展经历了从"双轨制"到"单轨制"的过程。高等教育"双轨制"于20世纪60年代以来得到迅速发展，英国政府担心随着规模的扩展，高等教育的质量标准会下降，将高等教育分为自治大学和"公共控制"非大学高等教育两部分。但随着"双轨制"的实行，其弊端也日趋凸显出来，于是1988年英国政府颁布了《教育改革法》，其中规定包括多科技术学院和其他学院在内的众多"公共"部分的高等院校，今后要脱离地方教育当局的管辖，取得与大学同等的独立法人地位。这就标志着英国高等教育的"双轨制"时代的终止和"单轨制"的开始。

1. 英国高等职业教育简介

英国的高等职业教育主要由非大学类的公共高等教育机构来实施，属于"公共控制"的非大学高等教育。在英国废除"双轨制"之前，实施高等职业教育的主要机构是多科技术学院，主要培养技术工程师。其课程设置灵活多样，就课程层次而言，可分为学位课程与文凭课程；就课程形式而言，可分为全日制、工读交替制、部分时间制和夜间制课程。其接受地方当局的领导，受制于教育部，办学经费由地方当局负责。

1992年英国议会通过了《继续和高等教育法案》，法案的主要内容包括：废除高等教育的"双轨制"，将多科技术学院升级为大学等。

至此，全部多科技术学院升级为大学。高等教育学院成为实施高职教育的主体机构，其大多是在大学改组过程中教育学院和继续教育部分中的一些专业学院、个别技术学院和少数高水平继续教育学院合并的产物。

**2. 质量保障机构**

由于英国高等教育"双轨制"的存在，英国高职教育发展经历了两个阶段即从多科技术学院到大学和高等教育学院，质量保障主体也呈现两种形式，即"双轨制"时期的政府官方主体和"单轨制"时期的多元型主体。

第一阶段：多科技术学院的质量保障机构：CNAA 和皇家督学处。CNAA（全称：全国学位授予委员会）是在1963年由以罗宾斯勋爵为主席的高等教育委员会发表的题为《罗宾斯高等教育报告》的前提下，于1964年成立，是英国第一个高等教育质量保障组织，其主要是通过审批课程的形式来保证多科技术学院的教学质量和学术标准，并承诺其授予的学位与大学同等的质量。1988年7月英国通过的《教育改革法》提出成立多科技术学院和其他学院基金委员会，负责对公共高等教育体系进行拨款和质量评估。皇家督学处是该基金委员会的重要协助机构，主要是通过对学生的"学"和教师的"教"进行直接观察，以此来评价其质量标准并进行预测。

第二阶段：随着《教育改革法》的颁布和实行，多科技术学院全部升为大学，英国政府对高等教育质量保障体系进行了全面改革，质量保障活动由高等教育质量保障机构（QAA）、高校自身和社会民间组织三大机构共同承担。

（1）高等教育质量保障机构是1997年3月在高等教育质量合作规划组的基础上成立的，以取代高等教育质量委员会，为英国高等教育提供整体的教学质量保障。QAA 是由政府资助建立的独立的、自治的机构，与英国主要的高等教育拨款机构签有合同，除了按照合同获得高等教育拨款机构给予的款项外，还接受高等院校的捐赠，其任务是向公众保证高等教育资格标准的完善性，并努力改善高等教育质量管理。该机构自行制定评估要求、标准和组织人员对院校进行评估，从外部对高等教育质量进行监控。

（2）高等院校。英国的大学都是独立和自治的机构，每所学校都必须对本校所设课程和所授学位的质量和标准负责，各院校都设有内部质量保障机构，通过评估学生以及在课程的设计、审批、监控和审查上把住质量关和标准关，保证本校所提供的课程和学位的质量。

（3）社会民间机构。一方面，英国某些专业的学生（如工程、法律、会计等专业的学生），毕业后往往需要取得专门职业或普通职业的执业资格。因此，这些专业要接受专门职业团体或法定团体的认定，这些组织大多是职业学会或行业协会，主要关注本行业的特点和学术水平。另一方面，一些新闻机构和民间组织，如《泰晤士报》《金融时报》、工商企业、专业团体等社会民间机构也参与到高等教育质量的外部监督，其中新闻媒介进行的评估影响最大，其从民间的立场出发，组织有关专家对高等院校进行评估，由于指标设计合理、数据来源可靠（取自政府的统计报告、大学的年度报告等），具有较高的科学性和社会信度，成为英国政府和大众以及国际社会评判英国高等教育质量和水平的重要依据之一。

**3. 特点**

第一，英国的高等职业教育质量保障主体经历了由政府官方控制高职教育质量发展到现行的政府、高校和社会民间机构分别代表三大价值主体共同参与质量保障活动，即政府和社会民间机构从外部对高等职业教育进行质量控制，而高职院校则从自身内部保障其教学质量，形成内部和外部质量监控相结合，共同保障高等职业教育质量的形式，这不仅能使高等职业教育质量保障工作取得卓越的成效，还有利于高等职业教育质量保障体系的完善和健全。

第二，政府虽然参与高等职业教育的外部质量控制，但不是直接的，而是通过其资助设立的中介机构QAA进行高职院校具体的质量保障活动，政府将自身对高等职业教育质量保障方面的期望通过中介机构的评估标准、评估要求传达下去，实施对高等职业教育的宏观调控，这样有利于避免由政府直接介入可能带来的官僚主义、评估的垄断性和侵犯院校自治等弊端。

（二）日本

### 1. 日本高职教育简介

在日本学校形态的高职教育机构有两种：短期大学和高等专门学校。

日本的短期大学创建于1950年，任务是为高中毕业生提供普通的和专业的高等教育，培养产业界所需的中级技术员。短期大学以私立为主，修学年限两至三年，教学采用学分制，以学专业知识和专业技能为主。高等专门学校于1961年由日本文部省创办，以国立为主，私立占很小比例，以深入教授专门知识，培养必要的职业能力为目的，招收初中毕业生，实行5年一贯制的教育，主要培养中级技术人才。

### 2. 质量保障机构

第一，文部省和隶属于政府的大学评估及学位授予机构。（1）文部省通过以法律的形式颁布各类高职教育机构的设置基准对所有的高职院校进行设置认可。如1961年颁布了《高等专门学校设置基准》，1975年颁布了《短期大学设置基准》，这些设置基准规定了开办一所学校所必备的最起码的条件，包括：学校教育组织的规模标准、学校教育编制标准、学校行政编制标准和学校设施设备标准等，所有高职院校都必须通过文部省的设置认可。（2）大学评估及学位授予机构是由1991年7月成立的学位授予机构改名而来，由政府设立，运营经费来自政府的财政拨款，是大学评价委员会，由大学学者、企业人士、社会、经济及文化各个领域的有识之士组成，在评价委员会之下设有各专业评价委员会，该委员会由评委会委员及各专业领域的专家组成。同时，大学评估与学位授予机构还附属于关于大学评估事业的各委员会，包括大学机构认证评估委员会、短期大学机构评估认证委员会、高等专门学校认证评估委员会等，而各大学评估事业委员会主要是通过大学评估与学位授予机构的评估结果进行审议，以保证评估工作的连续性和完整性，使评估工作形成了一个完整有机的系统。大学评估与学位授予机构对高职教育实施评估的内容包括三个方面：院校整体评估、教育评估和科研评估。

第二，高职院校。在1991年文部省修订后的新《基准》中规定："为了实现大学的目的和社会使命，对教育研究活动等状况必须努力实施自我检查和自我评估。"这是日本第一次以法律的形式要求大学努力把"自己检点、自己评估"（自检自评）作为大学应尽的义务，自此，日本的高职教育机构开始实施自检自评制度，从内部保障其自身的教育质量。各高职教育机构按照各自的办学理念，设定适当的评估项目并建立相应的评估执行机构，以便系统地开展评估工作，其中短期大学的自检自评的项目及内容主要是参考由日本私立短期大学联盟、全国公立短期大学协会等组织与团体设定的项目，评估内容包括：高校本身的办学理念与目标、教育研究的内容、方法与条件配备、学生入学政策、教师队伍、学校的设施和设备、自检自评机制等。

第三，社会民间机构：短期大学基准协会和JABEE。（1）短期大学基准协会是由各短期大学自主发起的民间组织，主要根据《短期大学设置基准》衡量、评价短期大学教育质量，合格者被吸收到该协会，成为短期大学基准协会加盟校，属于评价性机构，它的前身是各短期大学系统的质量管理协会，主要职责是对欲加盟该协会的短期大学进行入会资格评估以及对已成为该协会的盟校进行定期的再评估。（2）JABEE，全称为日本技术者教育认定机构，是对专业性较强的高等职业院校所培养的学生实施专业资格认定的民间组织，和评定大学、高等专门学校等教育机构正在实施的技术人员教育课程是否满足社会所要求标准的评价认证机构，最终通过职业资格认定的形式来保证高职教育质量。

3. 特点

第一，在日本已形成了多元主体参与质量保障活动的模式，即政府、高职院校和社会民间机构从不同的角度、以不同的侧重点，如政府侧重于院校的最初的设置质量和学位学术质量；民间机构则侧重于行业标准和学生的质量，两者实施的是外部质量保障。高职院校则从自身的利益和发展出发，较全面的对其内部质量进行管理，分别采取认可、评估、认证和再认证的方法对高等职业教育实施内外兼顾的质量保障，以确保高等职业教育的质量既得到国家政府的认可，又能得到教育行业内部和社会民众的广泛认同。

第二，评估内容具有周期性。日本的高等职业教育质量评估内容不仅涉及院校整体水平、学历资格标准、学术质量标准，还涉及课程、专业、教师和学生等各个方面，涉及面广，内容全。并且评估并不是一次性的，而是周期性的循环进行，从而能持续有效地保障高等职业教育质量。

(三) 英国和日本的教育比较

共同点：英国和日本都已形成了多元化主体参与高等职业教育质量保障活动的局面，建构了内部和外部质量保障相结合的质量保障体系，政府都不直接参与质量评估活动，而是通过立法、财政以及对评估结果的利用等来主导质量保障的发展方向，和通过中介机构对高等职业教育质量进行宏观调控。不同点：由于文部省的直接参与，日本政府在质量保障中所占的比重较英国政府要大一点，英国高校所具有的自主权较日本高校更大，且日本短期大学基准协会所实施的质量保障呈现出一定的教育行业自律的性质。

从上述对几个国家质量保障机构的分析中，不难发现，由于各国的政治、经济和文化背景的不同，特别是高等教育管理体制的不同，在质量保障过程中形成了各具特色的质量保障主体形式，即以政府官方为主体、以社会市场力量为主的民间、非官方主体以及政府、高校和社会力量共同参与的多元型主体。其中以多元主体参与质量保障的形式更显示了其优点，符合高等职业教育发展的规律和要求。高等职业教育的适应性、实践性和时代性决定了其在满足学生接受教育的需求的同时还须做到所培养的人才、所传授的知识和技能满足和适应社会发展以及社会市场的需要。政府、高校和市场三大主体，分别代表各自不同的利益，具有不同的价值取向，对质量的看法也因为各自所处的角度不同而存在差异。从高校自身的角度来说，高校传播、发展和应用知识的能力越强，质量就越高；从政府的角度来说，高校的教育运行，包括培养的人才、产生的科研成果和直接提供的社会服务，如果满足了国家和社会发展的要求，质量就好；从市场的角度，高等职业教育能满足和适应市场的需要就是高质量。三者分别从知识、能力和素质的角度来定义质量，只有将三者整合起来，才能形成高等职业教育的整体质量，即知识、能力和素质的有机结合。因此，在高等职业教育质量保障活动中，政府、高校和社会市场三大力量缺一不可，只有从不同的角度以不同的侧重点对高等职业教育质量进行评估和监控，才能真正达到全面而有效地保障高等职业教育质量的目的。同时，知识经济的到来，高等职业教育已走向社会中心，政府、高校和市场的力量已逐步交织在一起，相互制约、相互依赖和相互促进，因此，兼顾三方面的质量是高等职业教育发展的必然要求。在这种情况下，质量保障主体逐步从一元向多元转变，也就是从单一的政府、社会或高校评估主体逐步转变为多元的评估主体：即以政府官方为主体的国家越来越吸取社会中介组织的力量和赋予院校更大的自主权；以非官方为主体的国家（如美国）则加强政府的职能，增大政府对评估活动的间接调控；而已形成多元评估主体的国家，则进一步协调三大主体之间的价值冲突，均衡三者的权力地位，加强三者之间的合作和协商，从而达到全面而科学地保障高等职业教育质量的目的。

## 第二节　高职教育质量保障内容比较

高等职业教育的质量保障内容既包括高等职业教育机构（即高职院校）的整体水平和办学能力，也包括专业设置与专业教学计划、课程、学生和教师质量等，从不同的侧面、采取不同的措施和方法，以达到全面而有效地保障和提高高等职业教育质量。本章拟从院校、专业、学生和教师四个层面，对发达国家高等职业教育质量保障内容予以介绍和分析。

### 一、院校办学水平的质量保障

院校作为一个整体或一个单位，其办学水平的高低在很大程度上影响着其他方面的质量，因此各发达国家对院校办学水平的质量保障都相当重视，采取不同的办法，对院校的整体水平实施监控，并取得了很好的成绩，如美国所采取的院校认证和英国所采取的院校审计，下面就英、美两国的院校的质量保障工作予以介绍和分析。

（一）美国的院校认证

1. 认证（Accreditation）与院校认证的概念

认证是一个与质量保障密切相关的质量评估类型，在国际上通常与质量保障相混淆，如在美国没有质量保障一说，通常只说认证。认证是美国高等教育机构用来保证和提高高等教育质量的基本方法，对其含义也有不同的理解。如美国高等教育认证协会（CHEA）把认证看作是用以检查大学、学院以及专业项目保证和提高质量的外部质量评估过程。2001年欧洲大学联合会（EUA）就认为："认证是根据公认的标准，通过周期性的评估，对一所高等教育机构或课程质量所作的正式的书面形式的表述。"而联合国教科文组织发表的报告则定义为："政府（非政府）或私立机构评估高等院校或某一特定的专业质量的过程，以便正式确认其已经达到预先确定的最低标准,该过程的结果通常是授予一种资格(肯定或否定结论),或给予认可,有时是给予一定时间范围内的有效办学证书。该过程可以意味着由外部同伴进行的初步的和周期性的自我研究和评估。"[1] 从以上几种定义可以看出认证是一种评估类型,其依据一定的认证标准,以确保高职院校的办学能力达到既定的、最基本的要求。

院校认证是指将高职院校作为一个单位进行整体认证,内容包括其所开设的专业、教学场所、教学方式等,主要是考察学校是否为学生提供了良好的学习环境和可靠的教育质量。

### 2. 认证标准

认证标准是一所院校通过认证须满足的标准,是评估高校工作业绩和确定学校有待提高领域的依据。认证标准由各区域性认证委员会与成员学校内部有丰富经验的有资历的教师以及行政人员,甚至还包括少数的社会公众共同研究商讨制定出来的,涵盖了院校的使命、院校的目标、院校的整体战略规划、院校的组织管理机构、专业设置、课程、教职工、招生、院校财务状况、图书馆以及其他硬件设备、社会公众参与学校管理等多个方面的内容。在美国,各区域性认证委员会所制定的认证标准不完全相同,但都以院校实力和教育效能作为它们的核心要求。

### 3. 院校认证实施机构

美国的院校认证由各高职院校所属地区性机构协会的下属机构——各认证委员会具体实施(5~7年进行一次),如西部地区大学与学校协会下属机构——社区学院与初级学院认证委员会。认证委员会的委员包括校长、学术副校长、系主任、高级教职工等高校各级阶层工作人员的代表团及公众代表。认证在自我评估和同行评估的基础上进行。

---

[1] European Network for Quality Assurance in Higher Education.QuaIity procedure in European [J]. Higher Education:An ENQA survey, ENQA Occasional papers,2003,5(9):21.

## （二）英国的院校审计

### 1. 审计（Audit）与院校审计的概念

审计是对教育质量保障机制的优点和不足进行评估的一种方法，是一个通过同行评估来实施的以证据为基础的评估过程。院校审计是指通过同行评估进行的，在证据的基础上对有关高校确保本校的质量以及不断提高质量所采取的措施和机制进行审查，其关注的是院校层面的、整体的质量保障。

### 2. 审计标准以及涉及的主要方面

高等教育质量保障署（QAA）所实施的院校审计是依据相应标准进行的，其主要的参考标准包括：高等教育学位资格框架、学科基准声明、课程界定、高等教育学术质量和标准保证的实施细则。院校审计主要关注三个领域：第一是依据有关高等教育学术质量和标准保证的实施细则，课程质量和资格标准被评估的方式以及最终文件被贯彻的方式，确定院校内部质量保障机构和机制的有效性，从而为公众提供院校作为国家和国际的第三级教育提供者的资格的完整信息；第二是确定院校公布的有关课程质量和资格标准信息的准确性、完整性和可靠性，即有关院校本身公布的资料的可信度；第三是确定内部评估的合法性，同时它也特别关注学科和课程层次的内部质量评估及其评估结果；学生的期望和可获得的学术标准；学生作为学习者的体验；教师队伍的质量保障等。

### 3. 院校审计机构

在英国，所有高等院校的审计都由QAA统一实施，每6年进行一次，设有专门的审计小组，一般包括4~7个审计员和一个审计秘书以及专家顾问。这些人员一般在公开的选择标准的基础上由高校提名，QAA确认，所有的审计人员要求拥有与之相关的专业知识和工作经验。

## （三）美国和英国的教育认证比较

虽然"院校认证"和"院校审计"是两个不同的概念，但实质都是将院校当作一个整体或一个单位进行评估的过程，是一种评估类型，都是在自我评估和同行评估的基础上进行的，并且都可以说是一种资格认可。并且两者的目的也一样，即确保高校所提供的教育水平达到一个最低标准并不断提高高校的整体教育质量。由于两国的高等教育管理体制的不同，"院校认证"和"院校审计"在具体的实施过程中存在着很大的差异。首先，"院校认证"是由美国各地区性认证机构负责实施，认证标准也是由各地区认证委员会协同其成员院校共同制定，不同地区执行的是不同的认证标准，没有形成全国统一的认证标准，这样，跨地区院校之间很难形成比较，同时也有可能出现高职院校办学质量的参差不齐；而"院校审计"是由QAA统一实施，审计的标准也是由QAA依据具体的参考标准制定全国统一的审计标准，确保了全国高职院校办学质量达到一个统一的水平。其次，"院校认证"的标准涉及面广，既包括院校的使命、目标和整体规划，还包括院校内部的管理、教学的软、硬件等，以考评院校的实力和教学效能，达到保证教育质量的目的；"院校审计"则是通过对院校内部质量保障机制、质量标准以及质量评估的准确性、有效性、合法性和可信性等进行一系列的审查以达到保证质量的目的。

## 二、专业的质量保障

专业是学校进行教学的基本单元，也是学校与社会需求的结合点，专业水平在一定程度上反映着学校人才培养工作的水平，是反映办学水平、质量和效益的一个重要方面。因此，专业的质量是质量保障内容的重要组成部分，各发达国家也尤为重视。专业质量的保障通常采取专业认证的方式，以下就以美国、英国和荷兰三国的专业认证为例进行分析研究。

（一）专业认证的概念

专业认证是指对某一专业的认证，是由专门职业协会会同该专业领域的教育工作者一起进行的,其为学生进入专门职业界工作之前的预教育提供质量保障。它是依据一定的认证标准,利用可行的认证手段,通过定量与定性分析,对高校专业进行价值判断的过程。专业认证不仅监管和督促学校按照行业的要求培养具有专业能力的合格人才,还可以使学生有目的地选择学校,从该校取得的学分和学位能够被社会和行业承认,将来能够取得从事这一行业的资格证书。

(二)英国的专业认证

QAA成立后,各行业协会的专业认证工作统一归属QAA。相关的职业学会或协会在QAA制定的学科基准的指导下,从培养专门职业人才的角度,出台具体的标准,对相应的专业教育进行认证,促进相关专业教育质量的提高,确保这些专业的教育质量能满足各专门职业对行业的基本教育要求。目前,英国有240个左右的专门职业团体和法定组织参与了各种评估活动,其中有认证资格的团体有56个,如普通医学会、机械工程协会、全国职业资格协会等。

英国各行业协会所实施的专业认证的标准有3个:即QAA的学科基准、行业协会的一般标准以及认证机构的特殊标准。以工程专业为例,QAA制定关于工程学科的学科基准,规定工程学科中所有专业都应达到的学术标准。工程师资质鉴定则委托给经皇家特许的权力机构——全国工程委员会(EC)负责,其依据QAA制定的学科基准派生出一份以工程注册为导向的工程专业都应共同遵守的高等教育专业认证标准。专业认证由EC下属具有资质的工程学会负责组织,它在QAA和EC文件的基础上,针对各专业的特点,又提出专业的特殊性标准。英国专业认证主要集中在专业性强且关乎人类健康、安全的专业,如工程、建筑、医学和法律等。

(三)美国的专业认证

美国的专业认证是由行业协会或行业协会发展而来的专业认证机构

进行，它们都以行业为背景，以行业专家为核心，目的是促进专业教育发展，审核和确定专业教育质量，帮助院系提高教学质量。专业认证机构每年编印一本公报来公布通过认证的专业的名单，没通过的不公布，以便于学生、家长和公众了解并选择合适的专业。每个专业都设有自己的认证机构，如工程与技术认证委员会（ABET）、新闻学与大众传媒教育认证委员会（ACEJMC）、美国心理学协会（APA）、美国营养学协会（ACF）等。

美国专业认证的标准分别是由各专业认证机构自行拟定，如美国工程技术认证机构的工程专业认证标准一般包括：①师资队伍，包括教师的学术水平、教学经验、工程经验及对学生的热心程度；②学生，包括入学条件、毕业条件、工程活动的培养、学位授予；③教学设施，包括图书馆、实验室设备、课程设置；④学校管理等。专业认证的专业遍及医药卫生、工程、人文、社会科学、农业等领域。

（四）荷兰的专业认证

2002年荷兰政府通过《高等教育与研究法案》着手引入高等教育认证制度，成为欧洲第一批在大学和高等职业教育引入外部评估制度和认证制度的国家之一。认证体系的基本单位是专业计划，认证具有一定的强制性（2002年荷兰高等教育法案规定，所有大学和高等职业教育，只要想授予本科和硕士学位都必须接受认证，只有经过了认证，学生毕业时才能获得国家承认的学位）。由全国性的认证机构——荷兰与弗兰德地区认证机构（NVAO）认可的评估机构即高等教育外部访问与评估机构（VBLS）组成各种专业认证委员会对全国所有专业计划进行旅行式访问、认证。NVAO制定有关认证高校现有课程和认可新设课程的标准，VBLS在NVAO的政策框架下制定各自的评估准则，接受院校邀请开展评估活动。

**（五）美国、荷兰和英国的专业认证比较**

美国、荷兰和英国实施专业认证的机构均为社会中介机构。美国是由经 CHEA 或 USED 认可的行业协会组成的专业认证机构负责实施；荷兰是由全国性认证机构 NVAO 认可的评估机构来组织实施；英国是由 QAA 授权的相关行业协会或职业机构进行。认证标准都结合了专业特点和行业要求。所不同的是，其一，荷兰的专业认证是强制性的，是政策法案规定必须执行的，而美国、英国则是出于自愿的行为；其二，荷兰的专业认证覆盖了全国所有的专业，较之美、英两国涉及面较广；其三，英国的认证标准集专业的学术标准、行业标准以及专业的特殊性标准于一体，较之美国和荷兰更全面、更科学。

**三、教师质量保障**

教师是教学的主导力量，而教师队伍的整体质量则是教育质量和人才培养质量的保证，因此，各发达国家通过建立各种机制，加强师资队伍建设，促进教师专业发展，以提高教师队伍的质量，如执行严格的教师任职资格和教师聘任制度，以及定期对教师进行职前与在职培训等。

（一）教师任职资格

任职资格是指一名教师从事教学工作所必须达到的资格要求。不同的国家对高职教育教师的资格要求有所不同，以下就以德国、澳大利亚和美国三国为例予以阐述。

**1. 德国高职教师的任职资格**

德国高等职业教育的教师是由教授、其他教学专业人员和兼职教师所构成，其中以教授为主体。其他教学专业人员是指管理人员和讲师等。教授的任职资格：拥有大学学历，获得博士学位，有5年以上的实践工作经历，至少在相关专业岗位上工作过3年（或在企业界或社会中担当过领导工作3年以上），有2年以上教学或培训经历，有较强的科研学术能力。

高等专科学校还要求教授具有教育学、心理学及教学方法等专业知识，有运用现代化教学媒体和方法的能力。讲师的任职资格：拥有大学学历；取得博士学位，有3年以上实践工作经历，其中至少要有一年半以上的时间从事与专业相关的企业工作，有一定的教学经历。

### 2. 澳大利亚高职教师资格要求

澳大利亚TAFE学院教师分为主讲教师、教师（专职教师、合同教师和临时教师组成）和教学辅导员。主讲教师（教研室主任）的资格要求：必须具备能完成培训包规定的教学任务的能力，具有较强的实践能力，能够授课并指导实训。专职教师须具有本科专业学位证书和教育（教学）学士或硕士学位证书，4~5年企业工作经历和四级技能等级证书，获得教师资格证书。实际操作课教师须具有本行业5年以上工龄的优秀人员，并接受过师范训练。

### 3. 美国高职教师资格要求

美国社区学院的教师除了要符合联邦各州政府教师资格证书规定的条件下，特别强调教师的实践经验，国家规定，要成为从事高职教育的教师，必须具备学士以上学位，并对所授技术课程有一年以上的工作经历及最新经验，或者在合适的技术领域有5年以上的实践经验，还要求有当顾问和单独谈判与研究的能力。

### 4. 德国、澳大利亚和美国的教师资格比较

从3个国家的教师资格要求中可以得知，其对于不同的教师（如教授、讲师、实践操作教师等）有着不同的任职资格要求，除了要求教师具有一定的学历文凭外，更重要的是要求其有一定年限的实践工作或企业工作的经验，同时，还要求有教学经验或一定时限的师范教学训练，掌握一定的教学方法，以达到专业知识、技能和教学水平同步的效果，从而更有效地保证教学质量。所不同的是：一方面，德国要求高职院校教师拥有博士学位，普遍高于澳大利亚和美国；另一方面，德国对教师的实践工作经历和整体素质的要求较澳大利亚和美国更严格、更全面。

## （二）教师聘用机制

教师聘用机制是指高等职业教育机构在招聘教师时所采取的方式、标准、程序以及录取办法等。其目的是通过把住教师入口关，以确保高水平的教学质量。健全的教师聘用制度是高等职业教育拥有高质量师资的重要保障。

### 1. 德国高等专科学校的教授聘用机制

首先，高等专科学校在全国性的报纸上或互联网上发布招聘信息。在招聘正式开始之前，负责遴选工作的专业委员会成立招聘委员会，招聘委员会根据专业需要确定招聘的正式标准。合适的应聘者要接受面试并要参加两次专业内容的试讲，以便对应聘者的专业能力、教育教学能力以及人品方面进行评判，学生也参加听课并给出评价。经考察后，招聘委员会列出最优秀的三名候选人并给以排序，经专业委员会和学术委员会认可由校长呈报给州文化部长来确定最终的入选者。一经聘用，则为终身制。

### 2. 美国社区学院教师聘用机制

社区学院聘用教师通常采用校内调剂或校外招聘的方式。学院人力资源办公室根据系副主任或主任所提交的岗位需求发布招聘广告，一般先在校内招聘，若无合适人选，再向校外及在学校的网站上发布招聘广告，然后由学院审查委员会根据要求在讨论的基础上对应聘人员进行评估和筛选，面试内容包括20分钟的试讲，写两篇文章，后再由分管教学的副校长审批确定。通常新进教师都要经过试用期，在试用期内若证明不能适应教学工作，则会被辞退，试用期根据是否有执教经历设定为4—7年不等。教授采取终身聘任制，其他教师则实行任期制，教师如果在聘用期或聘期结束时得不到提升，就得离开学校。另外，学院不聘用本校毕业生担任教师。

### 3. 德国和美国的教师聘用机制比较

德、美两国的教师聘用机制各有特色，并且在确保教学质量方面取得了一定的成果。其共同点：两国采用的都是公开招聘的方式，都按一定的评定和筛选的标准对应聘人员进行严格的审查和考核，对教授采用的都是终身聘任制。所不同的是，第一，德国高职教师的聘用由州政府负责审定，美国社区学院则是由学院自主负责，学院有决定权。第二，美国实行的试用期制，实质上是一个持续考察和评价新进教师教学能力和水平的过程，是对教师教学质量的动态评价，这种评价方式，有利于促进教师在教学实践工作中不断发现不足、不断改进和提高，以保证和提高教学质量；德国对教师专业能力和教学能力的审查是通过采用多元评价的方式进行的，评价主体包括专家、管理者和学生，这样不同的主体从不同的侧重点对新进教师进行多方面的审核和评价，从而达到保证教师教学质量的目的。

（三）教师的职后培训

社会科学技术的飞速发展和职业教育的本质特征，决定了高职教师必须不断地学习和进修，以更新自己的知识结构和掌握新的技术知识，这样才能保证所培养的学生能够满足市场的需求、社会发展的需要以及得到用人单位的认可。各发达国家对教师的职后培训相当重视，通过采用不同的方法，为在职教师提供各种进修的机会，促进教师的专业发展，提高教师的整体素质，以达到提高教学质量的目的。

1. 日本的高职教师职后培训

日本在高职教师的专业发展方面，其基本理念是教师不是在学校中培养出来的，更是在整个教育生涯中逐步形成的。新任教师与其他在职教师有所不同，新任教师的培训是在日本文部省统一规范下进行的，由各都道府主持工作，按照相关规定，新任教师在担任现职工作的同时，每周必须保证在校内进修2天（1年不少于60天）；在校外进修1天（1年至少30天），校内进修一般由具有丰富教学经验的教师作专门指导，根据新教师的个性和业务能力发展状况，让新教师观摩指导教师或其他教师的教学活动，也让新教师自己开课，进行授课研究，新教师进修年限为1年，且属义务性的。其他在职教师的进修是在文部省、地方教育委员会及有关校长协会等各方协作下，根据教师从教年限的不同而不同。如，以具有3年工作经验的骨干教师为对象的"中央进修讲座"，进修时间为35天。另外，文部省每年都举办以培养进修指导教师为目的的"产业教育指导者养成讲座"，对象为职教各学科的指导教师，讲授适应科技和经济发展需要的新知识、新技术，时间为5~6天。

2. 澳大利亚的师资培训

澳大利亚政府非常重视TAFE的教师质量，认为高水平的师资培训是确保TAFE教育质量的关键。其师资培训包括岗前培训和在职进修。岗前培训是针对新教师进行的。新教师在岗前培训期间参加专家指导、观摩教学，并参加各种教研组开展的活动，培训期为一年，然后，教育部门和学校对新教师进行评估考核，合格者才能颁发教师资格证书。在职进修方式有两种，一种是专业进修，由教育部门办的大学教育学院和劳动部门办的培训员培训中心实施，旨在提高教师的专业水平，培训内容既有学历培训，也有教师资格证书和现代教育技能等多种培训。另一种是企业培训。职教教师除参加各种新知识讲座和新技术培训外，还须经常或定期去企业进行技术实践，参加企业培训，以适应市场对职业教育的新需要。

3. 日本和澳大利亚师资培训比较

相同点是：两国都注重对新教师的培训，培训期限都为一年，这样有利于稳定新教师的工作情绪，促进新教师的成长，为他们的终身教育生涯打下坚实的基础；各项进修计划都是在政府、高校以及企业等大力协助下而得以落实；培训不间断，总体内容是适应现代科技进步和经济发展的需要。所不同的是：一方面，日本对新教师实施的培训不仅注重教学能力和管理能力的培养，还注重教师在实验、实习教学中的动手能力；澳大利亚的新教师培训则是获得教师资格证书的必要环节。另一方面，日本对在职教师的培训根据不同学科、不同年龄和工作阅历进行分类，实行不同的培训和进修计划，针对性强，方向明确；澳大利亚实施的是理论与实践（企业培训）相结合的进修方式，使高职教育与企业时刻保持紧密联系。

（四）教师工作评价

各国的高职院校为了促进教师教学质量的提高，帮助教师提高教学效果，非常注重对教师教学工作的评价或评估。教师工作评价有助于改进高职教师的教育教学工作，有利于学校掌握教师的实际教学工作情况，是保证教育教学质量的重要环节之一。

1. 美国社区学院的教师工作评价

美国社区学院教师评价的对象包括所有的专职和兼职教师。参与评价的人员包括教师本人、同事及管理者、学生。学院规定在每学期或每期课程结束后，教师要向学生发评价表，让学生对教师教学的各个方面表现发表意见并进行评价。评价的内容涉及课程提纲、课程观察和教学测评。同事的评价主要注重于学科知识、教学投入、教学质量以及课程设计和讲义等方面。评价结果最后反馈给教师本人，并且该结果与教师接受培训、报酬和晋升直接相关。

2. 英国的教师工作评价

英国的教师工作评价主要是针对专职教师，由高职院校负责对教师工作进行评价，评价涉及教师的专业教学和科研工作两方面，评价内容通常包括教学状况、发表论文和著作、完成行政工作、参与系里的管理、发展前途等。评价结果与教师的工资、职业资格挂钩。

3. 美国和英国的教师工作评价比较

从以上不难看出，两国的教师工作评价各具特点。共同点是评价结果都与教师的薪酬、晋升直接相关。不同点是：第一，美国社区学院的教师评价形式更合理、更科学，集学生评价、同行评价和教师自我评价于一体。学生作为接受教育的主体,最有权利也最能客观地评价教师的教学(授课)质量,而教师自我评价的过程本身就是教学质量提高的过程。第二,英国高职教师工作评价的内容更全面,既包括教学,也包括科研以及行政工作,是对一名教师整体素质的全面评价。

**四、学生质量保障**

高等职业教育是高等教育的重要组成部分,在联合国教科文组织1997年修订的新版《国际教育标准分类》中属于5B类。5B类教育是面向具体职业的,主要目的是让学生获得从事某个职业或行业、某类职业或行业所需的实际技能和知识,具备进入劳动力市场所需的能力与资格。[①]由此可见,高等职业教育所培养的学生的质量主要体现在专业知识的掌握与应用和实际技能的熟练程度两方面。发达国家为了使所培养的学生满足社会需求和用人单位的要求,在加强教师队伍建设以提高教学质量的同时,从新生录取和毕业生要求两个主要方面对学生质量进行监控和保证。

(一)高职教育的新生录取制度

新生录取制度是指高职院校或国家制定的包括新生的录取办法、入学要求、录取比例等在内的一项规定,是高校招生的依据。每个国家由于其国家体制、教育管理制度的不同,高职教育的新生录取制度不尽相同。

**1. 德国高职院校的入学要求**

德国高等职业教育招生实行严格的入学要求制,符合入学要求的申请者则可就读。不同类型的高职院校对于新生的入学要求有所不同。德国的职业学院是中等"双元制"职教的延伸,学生的入学要求是:具有中等教育文凭,并受过3年初等职业教育和具有丰富的实践工作经验,具

---

① 转引自 UNESCO. International standard Classification of Education 1997. 1997:(151) 39.

有与企业签订教育合同获得企业的实习席位。高等专科学校的入学要求：学生须具备大学入学资格，且必须有半年企业工作经历。

### 2. 法国高职院校的入学筛选机制

法国高职院校对符合申请就读高职教育的学生实行严格的筛选制度，高级技术员班招收来自技术高中的持有技术员会考证或技术员证书的报名者，通过审查学生档案和平时成绩的方式，择优录取。大学技术学院通过严格审查高中毕业生平时学习成绩，择优录取；而对于有与高中毕业会考证书同等学历的人，通过入学考试择优录取，通过录取者占报名者的10%。

### 3. 德国和法国的高职入学要求比较

虽然两国不同类型的高等职业教育机构对新生的录取方式有所不同，但都注重学生的初始质量，严把学生入口关，确保新生达到高等职业教育的起步水平。所不同的是，德国不仅要求新生达到一定的学历水平，同时对新生的实践技能也有严格的要求，体现了高等职业教育中"高"（即高学历和高技能）的起点要求；法国对符合条件或要求的学生还要进行严格的审查和筛选，择优录取，以确保学生的高质量。

## （二）毕业生质量

高等职业教育是以社会和经济现实与未来需求为导向进行人才培养的一种教育模式，它自身的性质决定了它所培养的人才不仅要有扎实的专业知识做基础，还要具备经过严格训练的熟练技能，这样，毕业生才能达到人才培养的质量标准。毕业生质量反映着高等职业教育的教育质量，毕业生质量好，毕业生就业率高，社会满意度高，表明高职教育的质量高。因此，各国对毕业生质量的把控非常重视，通常采取资格考核的形式（其是一种学业成绩考试与职业资格证书考试并重的考试制度），即高职毕业生在毕业时不仅要取得代表其学识的学历证书，还要取得能反映其职业能力和技能水平的技术等级证书或职业资格证书。资格考核制度一方面引导着高等职业教育学生的培养方向，是高等职业教育人才培养规范化和严格化的必然要求；另一方面也是高等职业教育办学质量的有力保障。

### 1. 德国的"三证合一"考核制度

在德国，如果高等职业教育学生以"双元制"的形式参加学徒培训，他们实际上是在培训企业与高职院校两个地方接受教育与培训，毕业时经过考核可以拿到三类证书，即考试证书、培训合格证书、高等职业学院毕业证书。考试证书是职业培训后的结业考试证明。按照不同的行业，可分为不同种类，有技术工人证书、助理人员证书或商业助理证书等，由行业协会等主管部门颁发。培训合格证书是培训企业或实训教师出具的"教学证明"。这是学习场所、培训企业所特有的证明，常带有补充说明的含义。它建立在职业培训期间对学徒长期、持续性学习考察的基础之上，是对学徒所学知识、能力及专业技能等方面的综合考察，它较全面地反映了学生的综合素质，特别是实际动手操作能力。高等职业学校毕业证书是一种学历证书，侧重对学生的学历考核。这种相对独立相互补充的"三证合一"，最大限度地避免高职教育学生职业素质和综合文化素质的单一性，从多个角度评估了学生的知识和能力。

### 2. 澳大利亚的技术资格证书制度

澳大利亚于1995年建立并采用了全国统一的资格认证框架（AQF），实行资格证书制。资格证书是对个人通过学习、培训和工作体验所获得的学习结果或能力的认可，证明了个人所获得的知识和技能。其中，资格框架中的资格是建立在全国所认定的已有能力标准的基础上，建立在由相关产业、企业、社会或职业协会所开始的能力标准基础上。澳大利亚TAFE高职院校授予6个职业教育资格等级证书。一至四级证书的培训目标是达到本专业领域中具有较强的动手能力；五至六级文凭证书的培训目标是在具有动手能力的基础上有一定的技术分析能力、解决实际问题的能力。不同等级的技术资格证书是通过学分制逐渐积累完成的，学生可根据自身的需要和能力条件选择不同的学习方式和学习等级。

### 3.德国和澳大利亚的毕业生质量考核比较

德国和澳大利亚都注重对毕业生的学历知识水平和专业技能以及实际动手能力的考核，并与行业、企业保持着紧密联系，以确保毕业生所获得的技术能力具有先进性和适时性，使人才的质量达到时代发展的要求。不同之处，第一，德国是从多个角度、采取不同的方式对学生的知识、能力进行考核与评价，是对学生综合素质的全面考核；第二，澳大利亚采用的学分累积方式，便于学生根据自身的条件和素质来选择适应的技术等级，并且还可根据自身的发展而逐步升级，灵活地满足了不同层次、不同类型学生的需要，使他们都能达到人才培养的质量标准。

## 第三节 高职教育质量保障方法比较

### 一、高职教育质量保障方法概述

质量保障方法所涉及的是"如何保障"质量的问题，其是各国在实施质量保障过程中所采用的技术方法的统称。世界各国通过一定的技术方法，促进高等教育质量达到一定或既定的质量要求和质量标准，从而确保高等教育的整体水平。目前，世界上已出现的质量保障方法有以下四种，即评估、认证、审计和基准。

（一）评估

评估是一种价值判断活动，是对客体满足主体需要程度的判断。教育评估是对教育活动满足社会和个体需要的程度作出判断的活动，是对教育活动现实的或潜在的价值作出判断，以期达到价值增值的过程。[1] 其

---

[1] 陈玉琨.教育评价学[M].北京：人民教育出版社，1999：7.

一般是指对一所高校、专业或课程等进行系统的重要的分析和评价的过程，最后提出质量状况以及改进的判断和建议。评估是当今世界上最普遍运用的一种保障方法。

（二）认证

《国际高等教育百科全书》对认证的界定是："认证是由一个合法负责的机构或协会对学校、学院、大学或专业学习方案（课程）是否达到某既定资质和教育标准的公共性认定。认证通过初始的和阶段性的评估进行。认证过程的宗旨，提供一个公认的，对教育机构或者教育方案质量的专业评估，并促进这些机构和方案不断改进和提升质量。"[1]简而言之，认证就是为高等教育机构、专业或课程提供有没有达到某种标准的证据。

（三）审计

审计检查的不是院校质量，也不是院校某个专业的质量，而是对高等学校自身保证学习计划质量的组织机构和方法技术进行检查和评估，以确定被评院校或专业是否有足够而有效的学术标准和质量管理程度。其主要包括审计准备、短期访问、审计方向和发布审计报告四个阶段，审计关注受审院校的教学质量、学术标准、学习系统和教师队伍等。审计报告关注的是受审院校的内部质量保障措施是否健全和完善、各种质量保障措施对学生培养质量的影响。

（四）基准

基准，是一种就近出现的高职教育质量保障方法，其原是一种工商管理方法，是指以行业内外组织某一方面或几方面的最佳行为实践为基准，进行深入分析、比较，在结合判断自己实践的基础上创造性地学习并改进实施，从而改善、优化乃至超越基准对象而不断循环提高的过

---

[1] 张民选. 关于高等教育认证机构的研究 [J]. 教育研究, 2005 (2): 40.

程。[①]基准法是组织进行自我评估和自我完善的一种工具,其不仅可以应用于高等教育的宏观系统的质量管理,也可应用于高等院校的各个层次和组织,其主要目的是获得外部的参考坐标和良好的实践措施,诊断办学实践中的长处和不足,以便获得改进。在高等教育领域,基准法通常被看作是:第一,一种诊断性的工具,对质量进行判断;第二,自我改进的工具(也是质量管理和质量保障的工具),高等教育机构借此在办学成绩的某些方面与他人进行比较,寻找改进当前表现的途径;第三,一种开放和合作式的服务与过程评估,旨在学习良好的实践;第四,教会一所院校如何改进的方法;第五,一种持续性的对其他机构办学进行比较和测量的系统化定向过程。

## 二、发达国家高职教育质量保障方法比较

各发达国家在实施高等职业教育质量保障过程中,均采用了一种保障方法,或认证,或评估,有的甚至同时采用两种质量保障方法,以达到质量保障的目的和要求。以下就以美国和荷兰两国为例,对两国所采用的具体的质量保障方法进行比较、分析。

(一)美国的认证与元认证

1. 认证

认证是美国高等教育管理体系中不可缺少的组成部分之一,是维持和保证高等教育质量的主要手段。认证制度是美国高等教育质量保障体系的主要组成部分,是保证和提高高校教育质量的主要途径,是以高校自评和同行评估为基础的管理模式。美国的认证制度已有100多年的历史,包括"院校认证"和"专业认证"两种形式,实施认证的机构为民间的、非营利性组织,分为地区性认证机构、全国性认证机构和专业认证机构。其中,前两者有19个,实施的是院校认证,专业认证机构有62

---

① 茹宁.欧美高等教育基准法研究及其启示[J].宁波大学学报(教育科学版),2003(5):14.

个,实施的是专业认证,各高校自愿接受认证,并可自由选择认证机构。

## 2. 元认证

所谓元认证就是对认证的认证,是对认证机构实施的一种认可。其是对认证机构制定认证规则的总体要求,是美国教育认证制度中抑制低劣认证、保证认证质量的有效机制,通过认可认证机构保证认证的质量进而保证高等教育的质量。

美国认证机构的认可机制由两个部分组成:认证行业的民间与非政府认可(简称行业认可)和联邦政府教育部长的官方认可(简称官方认可)。对认证机构的全国性行业认可开始于1949年。由是年成立的美国第一个制定认证机构认可标准和程序的全国性组织——全国认证委员会(National Commission on Accrediting, NCA)执行,其主要目的是控制认证机构的不合理增加。1975年,NCA和学校认证机构的全国代表性组织高等教育地区性认证机构委员会联盟合并成立了中学后认证委员会(Council on Postsecondary Accreditation, CPA),其是美国认证历史上第一个真正意义上的全国性认证机构协会,为全国的认证机构包括地区性、全国性和专业性的认证机构提供认可服务,并公布认可名单和认可程序。1998年9月,高等教育理事会(Council for Higher Education Accreditations, CHEA)正式接受CPA承接对认证机构的认可工作,制定新的认证机构认可政策与程序。作为美国高校的认证机构,其会员涵盖学校认证和专业认证两类机构。其认可目的包括提高学术质量,体现问责和鼓励改进三个方面;在认证的标准和要求上,特别强调教育质量的改进和提高;在教育质量的认证上,强调认证标准要与高校的办学宗旨保持一致,强调学校的办学特色,同时其还关注学生的学业成就和高校的社会问责。认可资格期限为每10年审核一次。

联邦政府对认证机构的官方认可始于1952年,当时是为了纠正和防止联邦政府资助学生款项的滥用及相关的学校欺诈现象,美国国会要求联邦政府教育专员公布"全国认可的认证机构名单",由当时联邦政府的教育管理机构教育办公室实施认可。1979年，联邦政府教育办公室升格为教育部（U. S. Department of Education，USED）。USED是出于保证联邦政府资助项目质量的目的，只认可学校认证机构，并且只有那些在首次申请认可前至少开展了两年的实际活动，至少完成了一次以上的认证活动的认证机构才有资格申请认可，其认可目的是保证被认可的认证机构所认证的学校或专业提供的教育或培训服务是可以信赖的，符合联邦政府资助项目要求的质量标准，在认证的标准和要求上，侧重于"合格"，达到必要和基本的质量要求，比较注重教学条件水平，如师资、教学设备等，同时也强调学生的学业成就。由于CHEA和USDE两大认可主体在认可目的和出发点上具有不可替代性，大多数的认证机构都是选择双重认可。

（二）荷兰的评估与认证

荷兰是一个综合国力较强的国家，有一套完整的高等教育体系，主要由常规大学、高等职业教育学院和国际教育学院三部分组成，其中实施高等职业教育的主要机构是高等职业教育学院。荷兰设有全国性的法律和质量监控体系，高等教育以高质量享誉全球。荷兰的高等教育质量保障体系具有其独有的特色，是欧洲第一批在大学和高等职业教育引入外部评估制度和认证制度的国家之一。其采用的质量保障方法是评估、元评估、认证。

1. 评估

荷兰的评估制度始于80年代中期开展的高等教育管理体制改革。1985年，颁布的政策性文件《高等教育：自治与质量》白皮书指出：质量和质量评价是高校自身的责任，构建正规的质量监控体系是高等学校实现"自我调节"转轨的重要条件。高等教育机构要获得管理和经费使用上的自主权，就必须证明其质量符合一定的标准，即"以质量换自治"的原则。为了适应这种新的高等教育管理模式，荷兰高等教育质量评估体系开始形成。

最初的质量评估规划为高校负责其内部的评估，外部评估则由隶属于教育文化和科学部的官方机构——高等教育视导团（IHO）负责。1986年，经过政府与高校双方协商，政府同意由高校自主设计校外质量评估体系。从20世纪90年代开始，高等职业教育机构的外部质量评估由高等教育行业组织荷兰高等职业教育学院协会（HBO—RAAD）负责。该协会运用的"扇形"的质量评估方法，包括外部考察、内部自我评估和外部再考察等环节，它负责组织有关评估会议、组织独立的考察小组、出版评估的年度报告和建立教育活动的信息系统。评估结果直接提供给荷兰教育文化和科学部参考，并列入相关的议程。评估内容主要涉及教学质量，并从4个方面对有关研究计划进行评估，即学术活动的开展、论文发表数量、学术与社会的关系及学术前景。

2. 元评估

荷兰的高等教育视导团（IHO）是隶属于教育、文化和科学部的官方机构，其起初的一个主要职能是参与具体的高等教育质量评估工作。随着国内评估机构的发展和多元化，其功能逐渐发生了变化，自1990年始，该机构主要职责发生了改变，不再直接评估高校，而是对荷兰大学协会和高等职业教育学院联合会两机构的校外评估工作及高等学校的后续评估工作进行再评估，即充当元评估的角色。

3. 认证

2000年11月，荷兰教育、文化和科学部成立高等教育认证委员会，该委员会在2001年9月发表的名为《激励、实现和提高》的报告中指出，荷兰的质量评估制度所起的作用并不令人满意，引入认证制度并不是对原有评估制度的修改，而是作为一种新制度，对荷兰高等教育中现有的和新设立的课程质量进行监控。2001年荷兰政府通过《高等教育与研究法案》，法案规定所有大学和高等职业教育机构只要想授予本科和硕士学位都必须接受认证，认证体系的基本单位是专业计划，其中学术和职业计划、学士计划和硕士要分别给予认证，认证有效期为6年。认证具有一定的强制性，因为只有经过认证的课程才可获得政府资助（仅限于公立的高等教育机构）和学生的财政资助，学生毕业时才能获得国家承认的学位。

（三）美、荷两国的教育质量认证比较

由于两国的高等教育管理体制的不同，两国采用的质量保障方法也有所不同，但是两国都非常重视质量保障工作，在实施质量保障过程中，对保障机构的可信性和权威性以及质量保障工作本身的公平性、科学性和准确性都非常关注，分别采用了建立在"原认证"和"原评估"基础上的、更高层次的技术方法——"元认证"和"元评估"。

美国之所以实行"元认证"机制，是由于在美国高校的认证完全是出于自愿的，并可自行选择认证机构，而其认证机构的设立比设立高等教育机构还要容易，因此为了不给那些直接出售学历证书的"文凭作坊"以可乘之机，以及抑制低劣认证和保证认证机构的质量，"元认证"成了美国认证制度中的一个重要组成部分。荷兰引入"元评估"机制，是为了规范日益多元化的国内评估机构的质量评估工作，监控评估活动，确保评估结果的准确性和公平性。由此可以看出，虽然"元认证"和"元评估"两者的表述有所不同，但两者的目的是一致的，因此，有些研究人员将这两种机制统称为"元评估"。不同之处，一方面，美国的"元认证"实行的是教育行业自律和政府监控双管齐下的措施，分别由行业组织（CHEA）和政府机构（USDE）从不同侧面，以不同的认证标准对认证机构实行"双重"保护。荷兰则只是由政府单方面对所有评估机构的工作实行监管。另一方面，为了弥补评估制度存在的不足，荷兰还引入了专业认证制度，以保证教学质量和学术水平，这种将评估与认证有机相结合的质量保障方法，更能有效地、全面地保障教育质量，完善质量保障体系，这也是荷兰不同于其他发达国家的一个重要方面。

## 第四节　高职教育内部质量保障体系比较

### 一、内部质量保障的界定

内部质量保障是指为了使组织领导确信本组织提供的产品或服务能够满足质量要求所进行的活动，是质量保障体系的重要组成部分。高等职业教育的内部质量保障是指高职院校为了确保教育目的实现以及所培养的人才达到目标要求和满足社会需求，通过建立相关制度或机构，根据既定的质量目标而开展的教育质量管理活动。其与外部对学校实施的外部质量保障构成了一个完整的质量保障体系，在该体系中，两者具有同等重要的地位，缺一不可。

### 二、发达国家高职教育内部质量保障体系比较

随着高等职业教育的不断发展以及各国高等教育质量保障体系的不断改革和完善，各国基本上都建立了内部质量保障制度。在此，以英国和日本为例予以介绍、分析。

（一）英国高职教育的内部审核制度

英国的高等教育机构都是独立、自治的，对于保障其课程及所授予的学位的质量与标准负有全部法律责任，因此各院校都设有内部质量保障机构，通过评估学生以及课程的审批、监控和审查严把质量关和标准关，保障本校所提供的课程和学位的质量。

1. 内部质量保障的实施体制

院校最高层的校董会和校领导对教与学的质量和标准承担最终责任，具体的教育质量控制和审核过程由各学术委员会负责。如学术委员会主要与教师教学、学生学习和评估相关，是正式的教育质量保障的主要机构，其下设有学位授予委员会、科研委员会、教学委员会等各种控制教育质量委员会。在院系和研究层次上，有相应的院务委员会、教学委员

会、教师和学生代表小组和教育小组等委员会，保障相应的教学质量和标准问题。整个高校内部质量保障过程在行政管理的协助下进行，学校指定一位副校长助理级别的高级管理人员负责，并由一位负责质量保障的主任及其属下的管理人员协助工作。

### 2. 质量保障的内容

内部质量保障主要涉及以下3个方面：第一，对学校组织结构的审核，包括学院或学校性组织机构的审核；对管理部门或组织的审核；对课程、程序和方案的审核。第二，对质量保障政策、程序和质量管理实践的审核，其中包括：①对入学政策、程序、指导及信息提供准确性的审核；②对学科专业的批准、审查和评估的审核；③对所进行的教学评估的审核；④对学生评估程序的审核；⑤对学生手册的执行、教师任命、培训及激励的审核等。第三，对学生学习情况审核，主要是对学生反馈的情况及学生某专业学习情况的审核。

### 3. 质量保障的方法

英国的内部质量保障在专业的规划、实施、监控和审查等各个重要环节上严把质量关和标准关，以确保所设置的专业和所授予的学位的质量和标准。通常采用以下几种保障方法以达到质量保障的目的：①监控，主要着眼于考察课程是否有效地达到既定目标以及学生的学习产出是否有效地达到既定要求，专业是否有效地达到预期的目标，监控一般在学年末，由开设专业、课程的学院主持。监控的结果可能导致对课程或对学生评分做出调整，以实现学校质量保障的持续有效。②周期审查，由学校进行的周期审查，通常每5年1次，学校会聘请校外专家参加。审查要查看学校为各专业设定的培养目标和学习产出是否达到既定的目标。③校外督察员和学术审查员的审核，两者都是学术专家，来自其他学校或来自相关领域的专门人员。校外督察员审核是对于学术标准的一项重要保证，其主要任务是对高校的学生是否达到学校的学术标准进行动态评估、检查学校在给予学生成绩和学位时是否依据学校订立的标准，对学生的评价是否公平。学术审查员每隔6年对高校进行1次整体审查,看高校的办学标准是否保持在合适的水平。

### (二)日本的自检自评制度

1991年,日本大学审议会修改原有的《大学设置基准》。新的《大学设置基准》不再细分各类高等教育机构的设置基准,规定:"为了实现大学的目的和社会使命,对于教育研究活动等状况必须努力实施自我检查和自我评估。"这是日本第一次以法律的形式要求大学努力把"自我检查、自我评估"(简称自检自评)作为大学应尽的义务。自检自评制度是指大学根据一定的目的和标准对本校现状进行评估,并提出整改措施和发展目标,其是一种由大学教授策划的,用来评估大学的教学和研究的质量,并能对学生、大学和社会负责的评估制度。

#### 1. 自检自评实施体制

首先大学成立自检自评的实施方法检讨委员会,负责制定自检自评的相关项目和指标体系,然后组建自检自评委员会。自检自评委员会的组建一般有两种形式:一种是由学校和各个学部共同组建;另一种是由各个学部自行组建。自检自评委员会要向校长或理事会报告自检自评结果,并提出整改目标和具体措施。

#### 2. 质量保障的项目和内容

大学自检自评的项目和内容主要由大学审议会、大学基准协会、日本私立大学联盟、日本私立短期大学联盟、全国公立短期大学联盟等组织与团体设定。主要包括以下几个方面:①教育宗旨与教育目标,包括目标和宗旨的制定情况、未来发展的设想以及充分教研活动所采取的措施;②教务教学工作,包括招生、教学大纲的编制、教学指导的方式、教学方法的研究与开发、学生的学习成绩与学分的评定标准和方法、毕业生的就业和升学情况等;③科研工作,包括研究成果的发表状况、学术刊物的编辑等;④教师队伍,包括专任教师与兼职教师以及教学科研辅助人员的配备情况、教师年龄与毕业学校的构成情况，教师的录用、晋升标准与程序、教师人事安排的长期计划；⑤设施设备，包括设备的使用情况、图书馆利用情况、学术信息系统的完善和使用情况等。各大学在具体实施自检自评时，依据新《基准》的规定，可自行决定评估的内容，设立评估机构，故各个大学实施的评估内容有一定的不同，即使内容相同，但由于办学和教育理念的不同，各大学自检自评的侧重点有一定的不同，体现了各个院校的办学特点。

### 3. 质量保障的方法

自检自评制度主要采取以下两种方法对大学的内部教育质量进行评估：①检查，根据寻找问题的意识收集和分析有关实态的信息；②评价，按照事先设定的目标和基准判断检查结果，增强改善的动机，积极寻找改善的途径。

### （三）英、日两国的高职教育质量保障比较

总的来说，英、日两国的高职教育内部质量保障对于改善各自的教学质量都起到了一定的作用。英国高校通过常规监控、定期评估及聘请校外督察员和学术审查员对本校所设课程和所授学位的质量和标准负责，对自身的教学和科研的质量和水平负责。日本的自检自评制度对促进高校改善教育的状况起到了积极推动作用，许多高校、学部和教师将更多注意力放在了课程和教学方法的改进上，一定程度上纠正了高校"重研究、轻教学"的倾向。两国的高校在保障内容方面都有一定自主权，可根据自身特点来决定其具体的内容。

不同之处是：第一，在方法和措施方面，日本的自检自评制度较之英国的审查制度存在一定的局限性。英国采取多样化的方式，校内审核和校外评估相结合，并特别注重同行专家的评价，以在高校间形成对照，从而有利于激发高校为达到更高水平的教学和学术质量而不断地改进。而日本只是通过检查和评价，在学校内部进行评估，缺少评估专家进行

的同行评价，其评估结果在大学间难以进行客观比较，不能使评估真正成为一种监督大学自主办学的约束机制。第二，内容方面，两国的侧重点不同，英国高校注重对课程和学术质量和标准的审核，从学科专业计划的审批到课程的设置、从教师队伍的建设到学生的评估等，层层把关。日本高校的自检自评制度对所有的有可能影响教学质量的各种因素进行评价，所涉及的范围宽而泛，确保的是高校的整体构成和各要素达到既定的教学质量标准，重点不如英国的突出。

## 第五节 国外高职教育质量保障体系对我国的启示

在我国，随着高等职业教育的不断发展，以及对教育质量问题的日渐重视，政府部门相继出台了一系列的评估、评价体系，如教育部高教司于2000年印发了《高职高专教育教学工作优秀学校评价体系》和《高职高专教育教学工作合格学校评价体系》，以及2004年出台的《高职高专院校人才培养工作水平评估方案（试行）》，形成了以政府为评估主体、以影响教学质量的"工作水平"为主要评估内容的质量评估体系。由于我国高等职业教育起步较晚，制度建设与理论研究方面仍在一定程度上滞后于高等职业教育的发展，该评估体系还存在一定的不足，如评估主体过于单一、评估内容不够丰富等。因此，我们必须借鉴国外先进的、成功的经验以改进和完善我国高等职业教育质量保障体系，使其更好地发挥作用和功能，以确保我国高等职业教育的教育质量水平。通过以上几个方面对发达国家的高等职业教育质量保障体系的比较、分析，对当前国际上先进的、科学的、我们可资借鉴的运作方式、政府法规、实施办法等有了较为全面的了解，对完善我国的高等职业教育质量保障体系具有一定的启示意义。

## 一、建立由政府、社会和高校组成的多元合作型质量保障主体

从目前我国对高等职业教育实施的质量保障来看，质量保障主体单一，是典型的政府主导型主体，政府部门所实施的外部质量评估发挥着权威作用，高职院校的内部自我评估以政府的外部评估要求为准，是为了迎合政府的质量需求而实施的。虽然我国已成立了多家评估中介机构，且其参与质量评估的情况正引起人们越来越多的关注，但仍处于从属地位，所能发挥的作用非常有限。高等职业教育是一种特殊形式的高等教育，其所培养的人才须满足"零距离"的就业需求，其培养目标、专业设置、教学实施设备都体现出其在遵循高职教育发展规律的同时，还要随着时代的发展和科技水平的不断提高而不断地创新和改革，不断地更新专业知识和技术知识，以争取更大的生存和发展空间。也就是说，高等职业教育在达到政府教育部门所规定的各项质量指标的同时，还要满足行业企业的发展要求和不断变化的人才市场的需求以及高职院校自身的发展要求。因此，高等职业教育的质量也须体现社会、行业以及高职院校自身发展的要求，而我国当前的以政府为主的质量保障主体形式，只是单方面地反映了政府对高等职业教育的质量要求，这种形式难以适应新形势下高等职业教育的发展需要，应建立由政府、社会和高校共同组成的多元合作型的质量保障主体，这也是当前世界发达国家质量保障主体的共同发展趋势。多元合作型质量保障主体不仅能增强高职院校的自我质量控制意识，增强社会对高职院校的认可，增强社会参与教育管理的广泛性和透明性。并且，在多元合作的质量保障主体模式中，政府不再直接参与具体的质量保障活动，只是通过法律、法规等宏观手段对高等职业教育质量进行监控，可以使高职院校获取更大的自我调节的空间，从而更好地、更有效地保障高等职业教育的质量。

## 二、建立专业评估机制

专业是高职院校与社会职业岗位需求的结合点，是学校教学工作的

基本单元。专业水平在很大程度上反映了学校人才培养工作的水平,是学校办学水平、教学质量和办学效益的重要标志。对专业进行质量剖析和评估,是落实专业建设工作,提高学校整体人才培养工作水平的有效途径,也可以实现对人才培养过程的有效监控。同时,为了确保专业评估的科学性和权威性,须将各专业统一归类,由政府牵头,组建由专业领域中的知名人士、专家或行业代表等组成的各类专业评估机构或协会来分别实施具体专业评估,并且充分有效地利用评估的结果,使高等职业教育的相关利益人(学生、家长、用人单位等)对高等职业教育的专业教学质量有一定的了解,以满足自身的需要。

### 三、建立教师质量保障机制

教师质量的高低直接关系到高等职业教育的教育质量和人才培养质量的优劣,因此,建立教师质量保障机构是确保高等职业教育教学质量的一个非常重要的环节。目前,我国高职院校的教师主要来自普通高校的毕业生,他们的共同点是没有一定的实际操作经验或工厂工作的经验,非师范类的毕业生还存在教学经验的缺乏,达不到高等职业教育所要求的"双师型"教师的条件,严重地影响了教育质量。世界各发达国家都已建立了完善的教师质量保障机制,我们可以借鉴他们成功的经验,制定严格的、符合高等职业教育特点的教师任职资格评定系统,对不同的教师(如新进教师和在职教师)分别开展岗前培训与在职培训或进修,同时还要定期对教师工作进行整体性评价。首先,对新进教师进行为期一年的岗前培训。岗前培训的内容分为两项:一项是教学实践,可采用名师指导、观摩学习等方法,使新进教师获得一定的教学经验和技巧;另一项是实际操作技能的习得,可由学校统一安排,也可由教师本人联系到工厂实行。一年期满时以获得一定等级的技能证书和取得教师资格证书作为其能否上岗的条件。其次,随着社会进步和科技水平的不断提高,知识和技术更新速度也随之加快,为了确保高等职业教育所传授的专业知识和技术技能不滞后，须对在职教师定期开展在职培训或进修。同时，还应对教师工作进行整体性评价，既包括对教师整体素质的评价，还包括对教师理论教学工作、实践教学工作以及科研工作进行评价，发现问题与不足，并及时整改或弥补。

**四、发展多样化的评估，引入"元评估"机制**

单一的"工作水平评估"并不能全面地反映高等职业教育的整体质量，必须开展多样化的评估，如院校整体评估、专业评估、科研评估和社会评估等，多方面、多角度地把握高等职业教育的质量，从而全方位地监控高等职业教育的质量，确保高等职业教育的质量水准。多样化的评估将导致评估标准的多样化，评估机构也将出现五花八门、鱼目混杂等一系列的问题，这些都必然会影响到评估的质量，因此，必须引入"元评估"的机制以规范整个评估活动，对评估机构的合法性和资质进行鉴定、规范评估工作和过程、规范和统一评估标准，并对评估结果进行权威性的认可。"元评估"机制的引入，需要政府转变其职能，由当前直接参与具体评估活动的执行者的角色转变为通过对各类评估机构进行认可、鉴定，并对它们的评估工作和结果进行再评估，间接地监控高等职业教育质量的"元评估"的角色，以防止和避免劣质的评估机构和不规范、不公平的评估工作和不准确的评估结果的出现，从而更好地保障高等职业教育的质量。

**五、建立内部质量保障制度**

内部质量保障制度是质量保障体系的重要组成部分，是外部质量保障的基础。随着高等教育的发展，世界发达国家的政府意识到建立高校内部质量保障制度的重要性，通过颁布法律性文件的形式促进高校建立内部质量保障制度。如日本文部省1991年修改《大学设置基准》时，以法律的形式要求大学必须把"自我检查、自我评估"作为其应尽的义务。

荷兰政府则颁布的法规文件《高等教育：自治与质量》规定，高校如果要获取更大的办学自主权，必须以其高质量的教学和办学水平来换取，促使高校为争取自治权而加强对其内部质量的监控。所不同的是，独立自治的地位使英国高校对保障其自身的质量承担全部法律责任，各高校都自主地成立内部质量保障机构，制定具体的实施体制，已形成了一套完整的内部质量保障机制。以上各国，通过建立完善的内部质量保障制度，使内部质量保障与外部质量保障有效结合，从而有效地保障了其高等职业教育的质量。虽然我国的高职院校也实施内部评估，但这只是为了迎合政府部门的外部评估而进行的，这种评估是被动的、不定期的，它既没有形成一套规范统一的评估标准，也没有形成系统的实施体制，更没有专门的执行机构，它只是一项单纯的工作、活动，还不能构成制度。因此，我们可以借鉴国外的成功经验，通过政府教育部门制定并颁布法规，规定高职院校实施内部质量保障是其应尽的职责，同时高职院校也是内部质量保障的唯一主体，别的部门或机构都无法取代其位置，以此来督促高职院校建立内部保障机制，成立专门的质量保障机构或部门，建立一支高素质的评估队伍，以政府部门制定的评估体系为依据，确定评估的项目和内容，构建具体的实施体制，公平、公正地实施评估活动。建立内部质量保障制度，是监督和约束高职院校自主办学的有效制度，可以使高职院校承担起保障其自身教学质量的责任，从而完善高等职业教育质量保障体系。

## 第六节　高职院校内部教学质量保障体系一般模式的运行机制

本书所设计的高职院校教学质量保障体系运行机制的一般模式，主要是针对影响教学质量的一系列主要管理环节、关键教学环节或影响因素，使教学实现或超越预定质量要求而形成的一个教学质量保障运行循环链。

整个教学质量保障循环链表达了影响教学质量的主要方面和控制方法，以教学质量保障价值取向、目标与标准基本要素集合为整个学校教学质量保障工作的起点，以课程的质量控制为教学过程质量控制的重心，辅之以专业质量及其他教学环节与支持资源的质量保障，来诠释整个教学质量保障过程中的重点。模式设计如图6-1所示，下面主要围绕此模式对高职院校内部教学质量保障体系运行机制的一般模式作详细表述。

## 一、运行原理与功能概要

该教学质量保障运行循环链大致可以划分为3个层面的子循环，即：学校层面的教学质量保障子循环、院系及教务处层面的教学质量保障子循环、教师/教学实施层面的教学质量保障子循环。

从以上3个子循环的功能看，大体可以划分为自我质量保障和外向质量保障两部分。即：一方面，三者均各自作用于自身层面的质量保障与改进活动；另一方面，上层子循环对下一层子循环构成监督与促进，即承担第二方的外向教学质量保障的任务（相对于子循环内的自我质量保障而言）。举例而言，学校层面的教学质量保障子循环通过评价与诊断活动，如学校组织的专业评估等，一方面根据评价报告或改进方案，对自我的人才培养目标、支持资源配置、教学管理制度与规划、教学质量保障方案等内容进行改进性或巩固性的调整；另一方面，将此类评价与诊断活动所产生的评价报告或改进方案反馈给院系层面，与院系交流并达成基本共识，由院系负责根据改进方案制定改进计划，由学校在职责范围内提供必要的支持资源并监督其改进。

简言之，整个教学质量保障过程经历：目标设定——切实可行的方案制定和配套制度及支持资源的配置——实施与运行——监督（评价与诊断）——反馈与改进，形成闭合循环，使教学质量保障活动持续进行、教学及管理工作持续改进、教学质量持续提高。

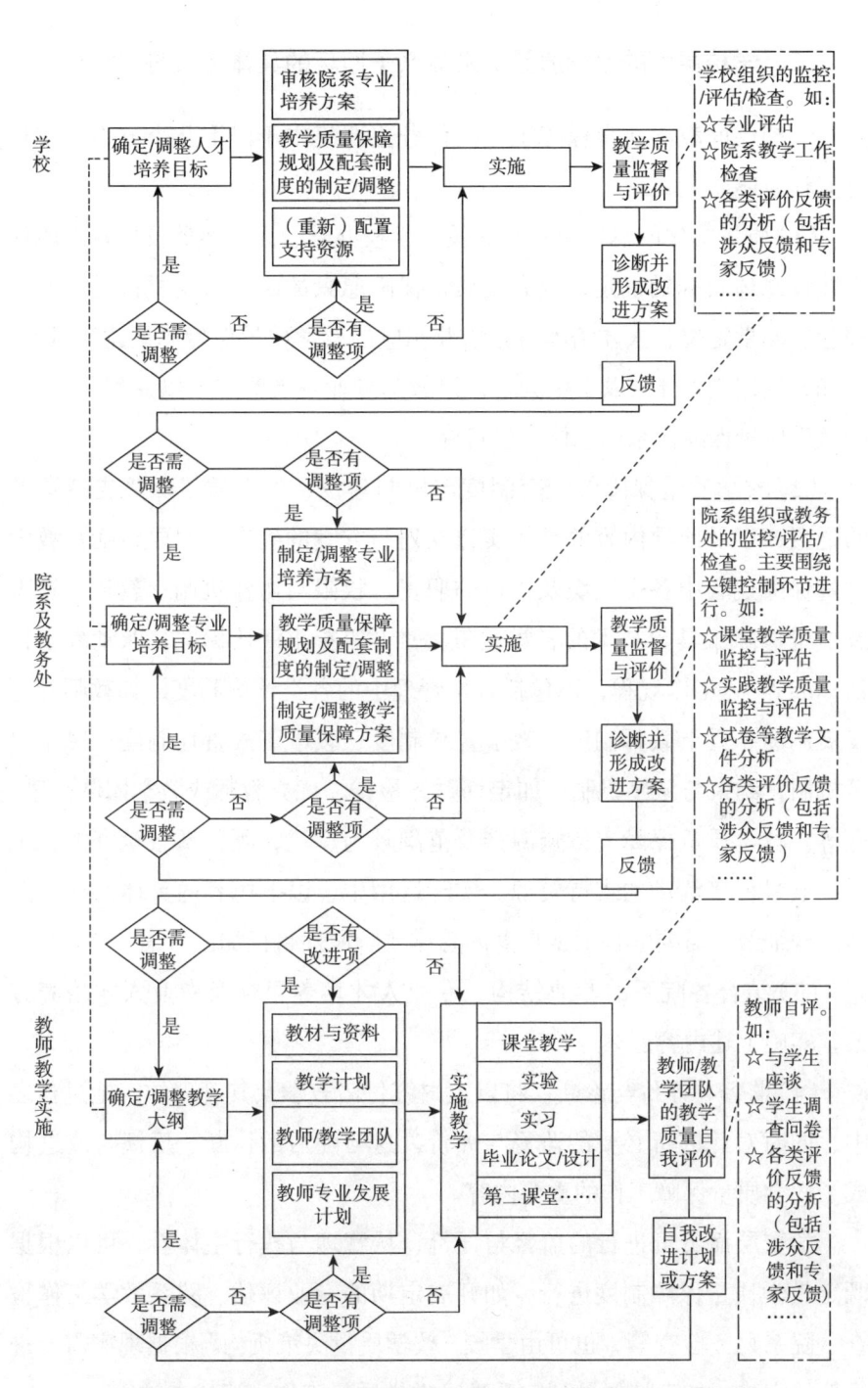

图6-1 高职院校内部教学质量保障体系运行机制的一般模式

## 二、学校层面的教学质量保障体系子循环的具体任务与运行

学校层面教学质量保障工作的任务主要集中于以下几个方面，按运行流程表述如下。

（1）质量文化的总体引领与建设，学校办学、人才培养及质量保障体系建设总体目标的确定，或者说质量保障愿景的确立。主要包括：办学理念、办学定位、人才培养目标以及相应的教学质量保障体系建设目标。例如，确定类似于"以学生为本，以教师专业发展为主，以课程为核心"的教学质量保障体系的总体建设目标。

（2）教学质量保障的配套制度与机制建设，教学质量保障支持资源的配置，以及前项内容的具体实施规划与方案的确定。主要包括：教学质量保障过程中各个组织及人员的职责、权限与协作机制；教学、管理及质量保障工具与技术的各类质量标准（如专业评估标准、课堂教学评估标准等）、工作规程；还包括教学管理中的各类评价制度，如教师专业发展制度、骨干教师制度、教学督导制度、教学事故责任制度；民主决策机制；约束与激励机制，如定期财务检查、优秀教师或教学团队奖励；等等。教学质量保障支持资源涉及范围较为广泛，既包括教学资派，也包括质量保障活动的支持资源。实际运用中，以上内容的具体设计与总体架构细节，需要学校根据自身的总体或阶段性目标加以考虑。

（3）结合各院系的专业结构、专业人才培养目标及专业人才培养方案，实施上述内容。

（4）监督、评价与诊断。将以上内容付诸教学及其管理的实施过程之中，同时对此进行必要的监督与评价，这与随后的诊断、反馈与改进构成了教学质量保障工作的重要内容。

学校层面负责进行的监督与评价，从管理与执行主体看，可以根据既定教学质量保障制度进行，如开展定期的专业评估、院系教学工作检查、院系财务检查等，也可由学校"教学质量决策机构"根据现实需要进行新的安排，如学校领导到院系进行教学质量工作座谈或走访等。

从评价监督与评价的方式、方法看，以定期评估或检查为主，辅之以分析和研究日常教学质量及涉众监督的反馈信息，主要包括：第一，定期的专业评估。第二，定期的院系教学质量工作检查。第三，涉众监督反馈信息的分析与研究。第四，日常教学质量反馈信息的分析与研究等。

从组织活动的主体看，可以由"决策支持机构"牵头，会同教务处、院系及其他部门协同开展。决策支持机构要根据监督与评价、分析与研究中发现的问题及时研究拟定解决方案，并提供给"教学质量保障决策机构"。

定期评估或检查可以专业评估为关键抓手，展开学校层面监督与评价活动。这样做，既能将学校层面的质量保障责任落到实处，也能培养院系质量保障的自我责任意识；既可使学校层面有更多的精力致力于更好地行使着眼学校全局的管理与调控责任，也可以此为关键控制点，有效行使学校层面对教学质量的监督与促进责任。关于专业评估技术上的设计，如评估周期、评估对象、评估性质、结果运用等，学校可以根据自身的规模、特点以及高等教育外部质量保障体系的相关活动（如院校质量审计、专业评估）等内容进行。笔者在此也试设计了一个方案，以供参考：

评估名称：专业评估。

评估周期：5~6年。

组织机构：教学质量保障决策支持机构或教务处。

评估性质：诊断性评价为主，重在问题的诊断与改进，成功经验的推广。

评估标准：学校的专业评估标准，或参考外部专业评估或院校质量审计抽查的标准。

评估重点：专业的特色；专业的课程设置及教学与管理；与专业相关的教学质量保障制度建设的完备性及其有效性。

专家组构成：包括外聘与校内专家，其中校外聘请的专家可保持在总数的2/3，校内专家应遵循回避原则（即所评专业的人员回避），通常以项目组的形式开展。

评估程序概要：由评估专家组通过对专业检查与评价，诊断专业在管理及教学过程中的问题，以提供改进方案为主，由院系根据评估报告或改进方案制定出时限、内容及目标明确的改进计划并付诸实施，学校则在其责任范围内给予政策或资源上的支持，并就改进情况进行监督。

（5）反馈与改进。学校层面的监督与评价、分析与诊断，最终所产生的方案（如评估报告、改进方案）将以两条路径分别反馈至学校层面质量保障管理机构（如决策支持机构、决策机构）和院系层面的相关责任机构（如院系教学质量保障委员会、院系的联络机构），进行相应的改进或经验推广、成功经验制度化等，对于改进部分进行翔实的计划、实施和有效监督。对于学校层面的子循环而言，从改进开始，实际上构成了从目标调整或新目标设定开始的新的质量保障循环。对于学校在监督、评价与诊断基础上向院系发出的反馈意见及改进方案。一方面，院系需要针对改进方案准备切实可行的改进计划，并付诸实施，接受监督；另一方面，学校（教学质量保障管理部门）应该为其提供必要的改进支持。反馈与改进的基本要求是：建立预警机制，进行预防性反馈；反馈与改进方案针对性强、切实可行；建议主体与待改进主体间有效交流、达成基本共识；为改进方案的实施制定切实可行的计划，提供必要支持条件，并建立验收或监督机制。

### 三、院系及教师层面的教学质量保障体系子循环的具体任务与运行

鉴于教师与教学实施层面子循环同院系层面的内容联系极为紧密且常常互为交织，故而在此置于一起表述。其中，第三个子循环与高校内部教学质量保障及外部质量保障的基本关系模式，如图6-2所示，此图也可作为学校"课程型"教学质量保障的参考方案。具体按运行流程表述

如下。

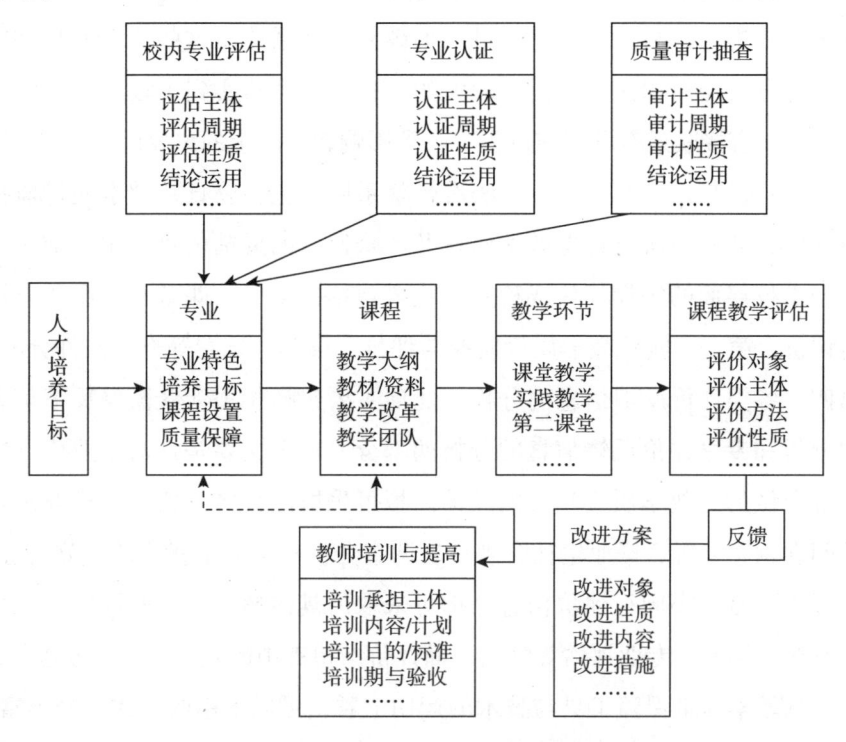

图6-2 "课程型"教学质量保障方案

（1）确定人才培养目标。此专业培养目标需要根据学校的人才培养目标制定。

（2）根据人才培养目标制定专业培养方案，进行院系教学质量保障配套制度与机制的建设，并制定相应的教学质量保障规划及实施方案。主要包括：专业培养方案的制定；教学质量保障过程中，院系各个单位及人员的职责、权限与协作机制；院系自设的教学质量保障工具与技术的各类标准与工作规程；还包括教学管理中的各类院系级的评优或评价制度，这些制度主要围绕学校的相关制度展开，也可自主开创，若取得成效，可向全校推广。

（3）结合具体教学过程实施。

（4）监督与评价、分析与诊断、反馈与改进。与学校层面类似，将以上内容付诸教学及其管理的实施过程之中，同时对此进行必要的监督与评价、分析与诊断、反馈与改进。关键在于院系层面这些活动的具体内容，与学校层面相比，发生了较大的变化，已经落实到了教学过程的具体环节，直接联系教学实施过程中各类影响教学质量的主要因素。

从监督与评价的方式、方法看，院系层面主要以日常教学质量监控与评价、分析和研究日常教学质量及涉众监督的反馈信息为主，辅之以配合学校层面的定期评估或检查。主要包括：第一，课堂教学质量监控与评价。第二，实践教学质量监控与评价。第三，试卷等教学文件分析。第四，各类评价反馈信息的分析。此项主要包括相关涉众监督反馈信息的分析和专家评价反馈信息的分析两部分。前者主要是针对毕业生、雇主等所做的与教学质量相关的反馈。拟可采取的具体形式如：毕业班学生问卷调查分析、毕业生社会满意度调查分析、毕业生就业情况分析等。后者主要是各类同行评价信息，拟可采取的具体形式如专业评估反馈报告分析。第五，专业评估等学校层面评价与检查中的院系自评、改进等。

从教学质量保障工具与技术的运用上看，可以采用的形式十分丰富，关键是要科学、合理、有效地进行择用、组合或改良运用，甚至是自创，研发"校本"教学质量保障工具与技术，并且后者应该是努力的方向。从目前现有的国内外高校质量保障的工具与技术看，主要有：学生评教、教师自评、同行评价、规章制度建设、师资培训、统计分析、访谈、调查、试验、外部认证、教学督导制度等。其基本要求在前文要素部分已有表述。

院系内的教学质量监督与评价总体上应该形成一个多元化的质量保障框架，从教学质量保障的关键控制单元看，要关注"课程"，其中师资队伍、课程结构、课程安排、教学大纲、课堂教学、教学改革等是关键内容。从改进教学质量的途径看，要以致力于教师专业发展为主。毋庸置疑，教学质量的保障，主力是教师，而教师在教学质量保障过程中不断改进的有效性与自觉性，在很大程度上常常取决于改进是否与其专业发展相联系。从教学质量保障的最关键利益主体看，要关注学生对教学质量的满意度，在评价过程中，要给予学生更多的反馈与沟通机会，通过学生网络问卷、座谈等多种形式开展，注意工具/技术、时间或空间选择上的有效性，遵循保密原则。在诊断上，定性与定量相结合，注意定量评价的运用必须科学合理，并更多地运用定性评价，为改进提供切实有效的方案与支持。在反馈中，要注重加强与教师及其他相关责任主体的沟通与交流，评价与诊断者主体要尽可能与教师一同协作，解决面临的问题，要尽可能避免简单的结果传递所导致的信息不对称或改进低效甚至无效。在改进过程中，需要待改进主体制定切实可行的详细改进计划，学校和院系应该为之提供必要的资源或机会上的支持，如建立教师专业发展培训机构，并结合奖惩机制进行有效监督。此外，院系层面还应该通过这些活动及时总结和积极推广成功的经验，富有成效的经验可以考虑形成制度。

# 参考文献

[1] Bhatt N. Higher Education Administration and Management[M]. Jaipur: Sublime Publications, 2004.

[2] Diana Green(ed,). What is Quality in Higher Education? [M]. The Society for Research into Higher Education and Open University Press, 1994.

[3] Jackson, N. and Lund, H. Benchmarking for Higher Education[M]. The Society for Research into Higher Education & Open University Press, 2000,

[4] John Brennan. Standards and Quality in Higher Education[M]. Jesscica Kingsley Publishers, 1997.

[5] Louise Morley. Quality and Power in Higher Education[M]. The Society for Research into Higher Education & Open University Press, 2003.

[6] Ralph G, Lewis, Total Quality Education[M]. St Lucie Press Delray Beach Florida, 1995.

[7] Robert Cowen. The Evaluation of Higher Education Systems[M]. London: Kogan Page, 1996.

[8] Roger Brown. Quality Assurance in Higher Education—The UK Experi ence Since 1992[M]. Routledge Falmer, 2004.

[9] Ronald Barnett. Improving Higher Education: Total Quality Care[M]. The Society for Research into Higher Education and Open University Press, 1992.

[10] Marton, F, Hounsell, D, and Entwistle, N. The Experience of Leraning (2nd edition)[M]. Edinburgh: Scottish Academic Press, 1997.

[11] Maurice Kogan and Stephen Hanney. Reforming Higher Education[M]. London: Jessica Kingsley Publishers, 2000.

[12] Trowler, P. Academics Responding to Change, New Higher Education

Frameworks and Academic Cultures[M]. Buckingham: The Society for Research into Higher Education & Open University, 1998.

[13] 教育部高等教育司. 高职高专院校人才培养工作水平评估 [M]. 北京: 人民邮电出版社, 2005.

[14] 胡中锋. 教育科学研究方法 [M]. 北京: 中国人民大学出版社, 2018.

[15] 肖化移. 审视高等职业教育的质量与标准 [M]. 上海: 华东师范大学出版社, 2005.

[16] 田恩舜. 高等教育质量保障模式研究 [M]. 青岛: 中国海洋大学出版社, 2007.

[17] 王岚, 吴跃本, 崔金魁. 高职院校"双师型"教师专业素质培育体系研究 [M]. 南京: 东南大学出版社, 2021.

[18] 王建成. 美国高等教育认证制度研究 [M]. 北京: 教育科学出版社, 2007.

[19] 范文耀, 马陆亭. 国际视角下的高等教育质量评估与财政拨款 [M]. 北京: 教育科学出版社, 2004.

[20] 许明. 高等教育质量保障体系的国际比较 [M]. 沈阳: 辽宁师范大学出版社, 2005.

[21] 吴雪萍. 国际职业技术教育研究 [M]. 杭州: 浙江大学出版社, 2004.

[22] 吴雪萍. 基础与应用——高等职业教育政策研究 [M]. 杭州: 浙江教育出版社, 2007.

[23] 陈祝林, 徐朔, 王建初. 职教师资培养的国际比较 [M]. 上海: 同济大学出版社, 2004.

[24] 蒙有华. 民间评估认证机构: 美国高等教育的监督器 [J]. 中国高等教育评估, 2008 (1).

[25] 金顶兵, 闵维方. 论大学的分化与整合 [J]. 高等教育研究, 2004 (1).

[26] 金顶兵. 英国高等教育评估与质量保障机制: 经验与启示 [J]. 高等

教育，2005（4）.

[27] 李兵.澳大利亚高等教育质量保障体制综述 [J]. 高教探索，2003（4）.

[28] 李汉邦，宋烈侠.高等学校教学质量保障体系的几点思考 [J]. 中国大学教学，2004（2）.

[29] 李建斌.论英国高等教育质量保障体系中的责任分工机制及其对我国的启示 [J]. 高等教育研究，2004（2）.

[30] 李建辉，詹曙盟.论高等学校教学质量管理体系的构建与运作 [J]. 大学研究与评价，2007（6）.

[31] 李勇，宋远航.构建高校内部教学质量保障和监控体系的分析与探讨 [J]. 中国高教研究，2001（4）.

[32] 李志仁.我国应建立高等教育质量保障体系 [J]. 高教探索，2001（2）.

[33] 刘晖.高等教育大众化进程中的教育质量评估问题——兼论英国高等教育质量监督与评估的经验和启示 [J]. 外国教育研究，2001（3）.

[34] 刘忠学.英国高等教育质量保障体系的发展及其现状分析 [J]. 比较教育研究，2002（2）.

[35] 孟凡.以学生为本的高校教学质量评估体系及其构建 [J]. 大学研究与评价，2009（2）.

[36] 缪苗，许明.20世纪90年代以来英国高等教育质量保障机制的历史变迁 [J]. 比较教育研究，2005（12）.

[37] 王鹰汉.新时期高职院校教学质量提升策略研究——基于学生满意度视角 [J]. 现代职业教育，2021（22）.

[38] 戚业国，代蕊华.本科教学质量保障体系建设的思想与方法 [J]. 教师教育研究，2007（2）.

[39] 戚业国.高校内部本科教学质量保障体系建设的理论框架 [J]. 江苏高教，2009（2）.

[40] 屈琼斐，李小梅，李延保.把注意力吸引到更加重视质量内涵和效益

上来——普通高校本科教学工作水平评估指标体系和评估方法的调研分析报告[J].中国高等教育,2006(10).

[41] 魏红,钟秉林.我国高校内部质量保障体系的现状分析和未来展望[J].高等工程教育研究,2009(6).

[42] 吴启迪.中国高等教育评估体系的构建与完善[J].教育发展研究,2009(3).

[43] 王鑫,张增平.基于大数据的少数民族地区高校教学质量影响因素实证研究[J].内蒙古财经大学学报,2020,18(1).

[44] 唐芳.高职院校教学质量评价体系构建研究[J].现代职业教育,2021(49).

[45] 谢询,丁兴富.英国QAA的学科评估方法及其启示[J].开放教育研究,2005(4).

[46] 许德仰.印度高等教育质量保障体系概述[J].黑龙江教育(高教研究与评估),2005(2).

[47] 于志刚,宋文红,李巍然,等.教学质量保障的新模式探索[J].中国大学教学,2009(3).

[48] 张晓鹏.国际高等教育评估模式的演进及我们的选择[J].中国大学教学,2009(3).

[49] 赵炬明.超越评估——中国高等教育质量保障体系建设之设想[J].高等工程教育研究,2009(9).

[50] 张明,张一春.基于大数据技术构建高职院校教学质量监控体系的研究[J].中国职业技术教育,2021(35).

[51] 周琨,黄敏.高校本科教学质量影响因素探析[J].黑龙江教育(高教研究与评估),2008(1).

[52] 马亿前.高职教育评估与教育问责的联动发展[J].教育与职业,2015(23).

[53] 孙翠香,庞学光.我国高等职业教育评估:现状、问题及改进策略[J].

河北师范大学学报：教育科学版，2014（9）.

[54] 吴雪萍，任佳萍. 美国职业教育质量问责制探析 [J]. 比较教育研究，2014（11）.

[55] 高耀丽. 英国高等教育问责制及其启示 [J]. 高等教育研究，2005（11）.

[56] 司林波，孟卫东. 教育问责制在中国的建构 [J]. 中国行政管理，2011（6）.

[57] 刘振天.《高等学校教学质量报告》应该报告什么 [J]. 中国高等教育，2012（3）.

[58] 柳亮. 国外高等教育问责制研究：多重三角模型与思考 [J]. 外国教育研究，2010（7）.

[59] 黄秋明，杨旭辉，王正. 高职院校教育质量保障体系研究 [J]. 中国高教研究，2014（11）.

[60] 史重庆. 高职教育评估的回眸与展望 [J]. 高等职教，2014（34）.

[61] 高文杰. 元评估：我国高职教育评估亟待引入的制度架构——基于新制度经济学的视角 [J]. 职教论坛，2016（7）.

[62] 王永林，王战军. 高等职业教育评估的价值取向研究——基于评估方案的文本分析 [J]. 教育研究，2014（2）.

[63] 徐国庆. 走出高职评估的二元困境 [J]. 职教论坛，2006（12）.

[64] 许杰. 发达国家高等教育质量保障主体发展的新趋势及其启示 [J]. 国家教育行政学院学报，2007（5）.

[65] 尚春美，张胤. 高校内部治理结构研究——基于在宁8所高校大学章程的分析 [J]. 东南大学学报：哲学社会科学版，2021（23）.

[66] 王杰法. 高职院校实施ISO质量管理体系：问题与对策 [J]. 宁波大学学报，2009（2）.

[67] 王家爱. 高职院校建立ISO9000质量管理体系的调研分析 [J]. 廊坊师范学院学报，2008（5）.

[68] 杨瑛. 英国高等教育质量保障体系研究 [D]. 北京：中央民族大学，

2007.

[69] 周文清. 高等职业教育质量保障体系比较研究 [D]. 长沙：湖南师范大学，2009.

[70] 严芳. 教育元评估的理论与实践研究 [D]. 上海：华东师范大学，2010.

[71] 黄慧娟. 关于美国高等教育质量保障体系的初步研究 [D]. 福州：福建大学，2005.

[72] 杨继霞. 英国高等教育质量保障体系发展研究 [D]. 保定：河北大学，2006.

[73] 叶志明，宋少沪. 重在建立教学质量的长效保障机制 [N]. 中国教育报，2008-04-21.

[74] 郭东兴. 建立科学的高校内部教学督导体系 [N]. 中国教育报，2007-08-01.

[75] 教育部网站. http：//www. moe. gov. cn/jyb_sjzl/moe_560/2020/quanguo/202108/t20210831_556365. html.

[76] 高职格局新变化：2020年最新全国高职高专院校名单大盘点. https：//baijiahao. baidu. com/s？id=1671792340451913676&wfr=spider&for=pc.